Un médico investiga

¿DÓNDE ESTABA DIOS?

EDITORIAL PATMOS

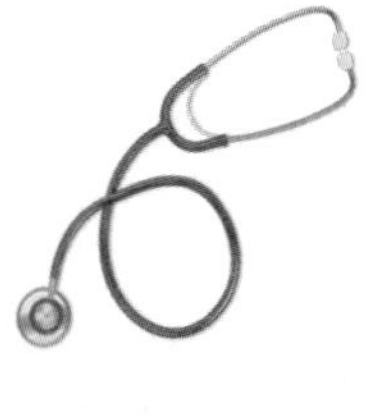

Dr. Brad Burke

¿DÓNDE ESTABA DIOS?

Publicado por Editorial Patmos,
Miami, FL 33169

Publicado originalmente en inglés por Victor parte de Cook Communications Ministries,
4050 Lee Vance View, Colorado Springs, CO 80918, con el título *Is God Obsolete?*

Traducido por Mayra Ramirez

ISBN 10: 1-58802-446-6
ISBN 13: 978-158802-446-6

Categoría: Vida Cristiana

Impreso en Brasil / Printed in Brazil

Contenido

A mis padres, David y Lucille,
quienes, por la gracia de Dios,
me inculcaron la pasión
por la memorización
y la meditación de las Escrituras

Reconocimientos

Mi segunda carrera como escritor empezó inesperadamente durante mi segundo año de la escuela de medicina, cuando me tropecé con el mundo creativo de la escritura de guiones. En un sentido, Un Médico Investiga se materializó sorprendentemente como una película importante de Hollywood, con todo y un productor ejecutivo, hasta con actores y actrices. Utilizando la analogía de la película, he aquí los "créditos".

Debo empezar agradeciendo a mi Productor Ejecutivo por su proyecto extenso, mi Señor y Padre celestial. La manera asombrosa en la que Dios trajo a todas estas personas dotadas va más allá de lo que puedo comprender. Ya sea que esta producción gane un Oscar aquí en la tierra o no, Dios, y sólo Dios merece toda la gloria.

Heather Gemmen, mi brillante productora y alegre editora, ¡tan eficiente! Con entusiasmo presentó este proyecto al estudio Cook Communications. Mi coproductor, que es extremadamente sabio, amigo en quien confío y maestro por más de veinticinco años, Gary Jenkins, me ayudó a mantenerme fuera de falsas doctrinas e incoherencias.

Craig Bubeck, al igual que un experimentado director de Hollywood, delicadamente dirigió los componentes temáticos y visuales de este proyecto en Cook. Y la asistente del director, Diane Gardner, y la publicista de cine, Michele Tenesen, sin problemas coordinaron eventos, reuniones y comunicados entre tomas de lugares. Hay muchos más en

Cook que jugaron papeles clave; ¡les agradezco tanto por su dedicación al esparcir la verdad de Dios por todo el mundo!

Toda película necesita de un buen editor. Además de los ya mencionados, Audrey Dorsch hizo funcionar su propia magia cinematográfica y reunió las escenas a la perfección.

Los asesores del guión pueden hacer o arruinar una película. Varios de ellos dieron consejo valioso desde la primera escena hasta "El Fin": Gary y Matt Jenkins, Sherri Spence, la doctora Val Jones, Wendy Elaine Nelles, y mis padres. Dios proveyó de otros asesores para la producción en épocas clave, incluyendo al cirujano y autor conocido mundialmente, Dr. Paul Brand.

El Word Guild (Gremio de la Palabra), la asociación escritora cristiana más grande de Canadá, hizo perfectamente el papel de una agencia para talentos de Hollywood, reunió al escritor del guión con los editores, al productor, al asesor del guión, al agente y hasta la compañía de producción para esta poderosa película.

Y ¿cómo puede haber una película sin actores y actrices? También envío mi profundo agradecimiento a todas aquellas personas que le dieron vida a esta película, al permitir que el mundo vea sus historias inspiradoras.

Estoy agradecido con Les Strobbe, y agente muy trabajador que ayudó a que esta serie fuera una realidad. Mi sincero aprecio también va para mis padres, David y Lucille, cuya comprensión y apoyo durante estos años difíciles, cuando tomé un sabático de media década de la medicina para escribir esta serie, aseguró mi éxito. Los amo mucho a los dos.

En casi cada película existe interés en el amor. Para Erin, mi bella esposa, anhelo servir al Señor con ella por el resto de nuestras vidas.

Y finalmente, a mi hermano Darryl (un doble del coordinador en entrenamiento) quien me dijo en 1999 que algún día yo escribiría un libro, y yo me reí...

Mis disculpas.

Introducción: Cómo enfocarnos en nuestro objetivo

Fue el escritor y consejero espiritual Tomás de Kempis que una vez dijo: "Por un premio pequeño un hombre se apresurará a hacer un viaje largo, mientras que para la vida eterna muchos apenas darán un solo paso."[1]

Nuestra búsqueda estimulante para conocer a Dios es un viaje de toda la vida, ¡lleno de todos los premios eternos e invaluables que posiblemente uno pueda imaginar! Aún así, muy poca gente está dispuesta a siquiera intentar dar un paso. En nuestros días y época, el dios del materialismo ha hecho a un lado al Dios de la Biblia. El dios del hedonismo y del egocentrismo ha reemplazado a Dios nuestro Creador. Y el dios de nuestras imaginaciones ha hecho al único Dios verdadero casi obsoleto en nuestro pensamiento. La mayoría de hombres y mujeres preferirían viajar cientos de millas en búsqueda del despreciable "oro de los tontos" de las cosas del mundo, que dar un simple paso hacia las riquezas eternas e insondables de una relación íntima con nuestro Dios eterno.

Algunos intentan dar el primer paso de este viaje importante pero en realidad nunca salen del porche de enfrente. A pesar del hecho de que ahora hay más recursos que en cualquier otra época de la historia, libros, cintas magnetofónicas, videos, revistas, seminarios y portales de Internet, innumerables creyentes todavía están buscando un entendimiento de Dios profundamente arraigado. La gente está buscando desesperadamente la verdad pero, en lugar de eso, la psicología popular y la teología barata los distraen y desilusionan. Y como resultado, más creyentes que nunca se sienten frus-

> ES IMPERATIVO QUE REALMENTE INVITEMOS A DIOS A QUE NOS ACOMPAÑE EN NUESTRO VIAJE.

trados, amargados, descontentos y buscan respuestas que tengan sentido en un mundo que no lo tiene. El propósito de esta serie de libros es llevar a una nueva generación de cristianos por un viaje transformador hacia la intimidad con Dios, una búsqueda adaptada al siglo veintiuno que aumentará nuestro entendimiento del Todopoderoso e influenciará radicalmente nuestras vidas de maneras que nunca imaginamos.

Ahora, esto puede o no parecerte obvio, pero si alguna vez esperamos obtener este entendimiento transformador del único Dios verdadero en nuestro viaje, entonces es imperativo que realmente invitemos a Dios a que nos acompañe en nuestro viaje. Si quisieras obtener un entendimiento íntimo y arraigado de tu nueva esposo o esposa, ¡no te irías a la gran luna de miel a Hawai o al Caribe y dejarías a tu alma gemela en Bakersfield o Albuquerque!

Por lo que te animo a que invites a Dios a esta búsqueda trascendental. Nos aventuraremos a ir más allá de los límites convencionales de la ciudad, de sólo un conocimiento teórico de Dios, para obtener un entendimiento exótico y extraordinario de nuestro Padre celestial que nos ama profundamente a todos y cada uno de nosotros.

Pero quizás esta no es la razón por la que escogiste este libro. Tu apetito o expectativas podrían ser un poco distintos. Quizás sacaste este libro del estante esperando encontrar un debate filosófico atractivo sobre la existencia de Dios. Si así es, podrías estar un poco decepcionado.[2] O tal vez escogiste esta serie de libros por su título intrigante; con necesidad de pasar el tiempo, dejarás que las palabras entren por un oído y salgan por el otro.

Existe la posibilidad de que ni siquiera hayas escogido este libro en absoluto. Quizás un amigo, con buenas intenciones, te lo compró y en lugar de insultar a tu amigo, has aceptado leerlo. Por lo que buscarás un sillón cómodo, unas donas, el control remoto de la televisión, esperando hojear el libro durante los comerciales de Oprah o del juego de fútbol del lunes por la noche.

Pero oro espero y que hayas seleccionado este libro por una razón muy distinta: Espero que Dios, que está obrando de manera sobrenatural en tu vida, te haya llevado al lugar donde humildemente reconociste tu necesidad de algo más grande que tú. Esta necesidad podría representar un anhelo por una relación personal con tu Padre celestial. O podría simbolizar una búsqueda codiciada, una "segunda luna de miel" de toda la vida, por decirlo así, para desarrollar un entendimiento más íntimo de tu Creador y Señor.

Si esta es tu ansia, tu deseo sincero y honesto, entonces te invito a voltear la página, y a dar el primer paso de esta expedición transformadora conmigo

Parte Uno

ESPIRITUALIDAD PERSONAL

Entender a Dios, para el creyente
fiel y dedicado, es un viaje de todos los días,
de hora tras hora, que captura
la mente, el corazón y el alma,
que produce tesoros invaluables e insondables...
a veces a cada minuto... a veces
cuando el santo menos lo espera...

1

¿Puedo tomar su pedido?

Estaba sobre el cuerpo débil y manchado de sangre de un chico hispano de dieciséis años, con mi mano muy dentro de su pecho, le hacía masaje a su corazón.

—¡Sigue! —gritaba el jefe de residentes.

Sentía que el músculo caliente se deslizaba entre mis dedos con guante mientras apretaba. Con tanta sangre, casi no se distinguía qué eran mis dedos y qué el tejido. Sin embargo, todos en la sala de emergencia sabían qué era lo que yo tenía en mi mano.

Unos meses antes había metido todas mis pertenencias dentro de un par de maletas, me subí en un avión y volé a Los Ángeles para iniciar mi residencia en cirugía. Casi desde el primer día en la escuela de medicina había soñado en convertirme en cirujano plástico. Ahora, allí estaba mi gran oportunidad. Después de haber trabajado en la joyería del pequeño pueblo de mis padres durante once veranos, reparando relojes y joyería complicada, me sentía justo en casa utilizando otros instrumentos delicados, como por ejemplo el bisturí y el porta aguja.

Pero mi gran oportunidad engendró un reto aún mayor: necesitaba sobrevivir mis turnos exigentes de cirugía general (semanas de 80 a 115 horas de trabajo) en el prestigioso Centro Médico Cedars-Sinai, un hospital de primera clase, conocido mundialmente por brindar atención de cinco estrellas a los ricos y famosos durante todo el día. Día y noche, en un estado de desajuste de horario, atendía a un montón de pacientes enfermos, y pronto descubrí que cuando la enfermedad, el sufrimiento y la muerte llaman a la puerta en Hollywood, nadie está inmune.

En contraste a nuestros casos electivos de cirugía, en la Sala de Emergencias nunca podíamos predecir el status social de nuestra próxima víctima de urgencia. El cuerpo inmóvil que yacía cadavérico frente a mí en la camilla no pertenecía a una celebridad. Nadie conocía a este chico. Los tatuajes que tenía grabados en su pecho, que ahora estaba deforme, lo identificaban con una pandilla local. Pero eso era todo. Lo único que sabíamos era que había estado en el lugar equivocado a la hora equivocada. El cuchillo que le habían metido profundamente en su pecho había penetrado el corazón, y le había cortado una arteria vital.

EN TODA ESTA MUERTE,
SUFRIMIENTO
Y ODIO,
¿DÓNDE ESTABA DIOS?

No todos los días se raja un pecho en una sala de emergencias, incluso en Los Ángeles, sin un anestesista, ni una preparación detallada. Ningún protocolo que hace perder el tiempo, sólo un último intento desesperado por salvar una vida humana.

Aún así, a pesar del frenético ajetreo que me rodeaba, los sucesos que se desarrollaban parecían tranquilizarse, pasaban como si una antigua película casera de ocho milímetros se hubiera puesto en cámara lenta. En cada imagen yo apretaba su corazón, después aflojaba.

Y el corazón se rehusaba a latir.

Mi mente se desvió hacia los pacientes que había tratado durante los meses anteriores. El hombre de negocios de mediana edad de buen humor: Estaba saliendo de un teatro una noche con su esposa cuando la pareja de repente fue atacada por un atracador que les exigió sus billeteras. Sin dudarlo, el hombre rápidamente renunció a su dinero, para ser premiado unos segundos después con una bala en la parte superior de la cara. En la sala de operaciones, estudié el sendero sangriento de la bala, y me pregunté qué fuerza era la responsable de haber detenido la bala a unos cuantos milímetros del lóbulo frontal del cerebro del hombre.

El productor de Hollywood rico y prominente: Que una vez fue poderoso y robusto en los círculos glamorosos de Los Ángeles, ahora luchaba por mantener un trocito de pan en su cuerpo devastado por el cáncer. No podía hacer mucho por él.

El amable homosexual, de unos veintitantos años, con SIDA: Luchaba por cada respiración cuando llegaba a verlo todos los días para examinar el estado de los tubos y del dispositivo de succión que sacaba aire y líquido sangriento de su pecho debilitado. Me apenaba tener que despertarlo todas las mañanas entre las 5:45 y 6:15 en mis turnos. Afortunadamente, él era una de las últimas paradas de mi circuito de rutina, por lo que dormía más que la mayoría de mis pacientes.

El conocido pandillero: Con fragmentos de bala que todavía estaban incrustados en su cerebro. Milagrosamente desfiló por las habitaciones de los testigos inocentes que quedaron atrapados en el fuego cruzado, y salió del hospital; testigos inocentes que en vano quedaron mutilados. ¿Porqué dejamos los pedazos de plomo enterrados en su cerebro? No había razón para que quitáramos las balas, como quizás lo verás en alguna película estrafalaria y grotesca de clase "B". Él estaba bastante bien.

Parecía que la fortuna jugaba a los favoritos con los inocentes y los culpables.

La mujer afro americana que tenía alrededor de cincuenta años: Había visto, de manera impotente, cómo ataban a su esposo en su propia casa y luego cómo le dispararon. El agresor, que aparentemente se quedó sin balas, agarró un martillo que estaba cerca y repetidamente la golpeó y atravesó su cráneo con la boca del instrumento de metal. Sostuve el pequeño tubo de succión y pasé cuidadosamente la delicada punta por todo el asunto sangriento, con hueso fragmentado y materia cerebral hecha jirones, en la cabeza de esta mujer. A pesar de nuestros mejores esfuerzos quirúrgicos, la mujer seguía en estado vegetativo, por lo que después fue transferida a un lugar de atención para enfermos crónicos.

La suerte definitivamente parecía que jugaba a tener favoritos con los inocentes y los culpables...

Las imágenes separadas de ocho milímetros seguían pasando en mi cabeza, como un avance de película en cámara lenta que promovía una película siniestra y demente. Pero aún cuando las escenas seguían, yo estaba totalmente consciente de lo que estaba sucediendo en este preciso momento. Al ver los tatuajes y el tubo endotraqueal, miré la cara inmóvil del pandillero que en realidad sólo era un chico perdido; y a medida que su esperanza de supervivencia disminuía en cada segundo, las preguntas se escabullían hacia los lugares desvalidos de mi corazón. *En toda esta muerte, sufrimiento y odio, ¿Dónde estaba Dios? ¿Qué clase de Dios permitiría que el mal rebotara, a trochemoche, de persona a persona, dejando pena y muerte a su paso?*

¿Qué estaba pensando Dios?

NO IMPORTA QUÉ CONTINENTE CONSIDEREMOS NUESTRO HOGAR, DE QUÉ COLOR SEA NUESTRA PIEL O A QUÉ IGLESIA, TEMPLO, O SINAGOGA ASISTAMOS; TARDE O TEMPRANO CUESTIONAREMOS LA APTITUD DEL TODOPODEROSO PARA GOBERNAR EL UNIVERSO.

Estas preguntas directas representan sólo la cresta de una gran ola sísmica, una pared de preguntas que va en aumento y que sigue creciendo con cada "milla" de tiempo. El triunfo de los malos hizo que el gran líder de Israel, el Rey David, un hombre conforme al corazón de Dios clamara: "¿Por qué estás lejos, oh Jehová, Y te escondes en el tiempo de la tribulación?" (Sal. 10:1) "¿Por qué se ha encendido tu furor contra las ovejas de tu prado? (Sal. 74:1b). De manera similar, el patriarca Job, famoso por su paciencia, clamó: "¿Por qué me pones por blanco tuyo, Hasta convertirme en una carga para mí mismo?" (Job 7:20b). Hasta Jesús, el Hijo de Dios, mientras colgaba de la cruz entre el cielo y la tierra, emitió las palabras: *"Eloi, Eloi, ¿lama sabactani?* Que traducido es: Dios mío, Dios mío, ¿por qué me has desamparado?" (Mr. 15:34b).

Ahora, los medios de comunicación nos bombardean con innumerables reportes de tragedias. Las víctimas y las familias de los fallecidos hacen la famosa pregunta: *¿Por qué?* ¿Por qué un Dios de amor permitiría que un terremoto matara a más de 50,000 personas? ¿Por qué permitiría que un maremoto extinguiera las vidas de más de 150,000 personas en un día? ¿No pudo el Creador del universo impedir que una simple fuga de combustible matara a trescientas personas a bordo de un avión comercial? ¿Por qué no puede Dios prevenir que un puñado de terroristas mate a miles de personas? ¿Y por qué no puede nuestro Señor todopoderoso y soberano prevenir que el virus microscópico del SIDA mate a millones? Si Dios realmente existe y tiene poder, ¿por qué aun existe esta ola sísmica de preguntas?

LAS PREGUNTAS CORRECTAS

Cuestionar a Dios es muy humano. No importa qué continente consideremos nuestro hogar, de qué color sea nuestra piel, o a qué iglesia, templo o sinagoga asistamos; tarde o temprano cuestionaremos la aptitud del Todopoderoso para gobernar el universo.

> ¿PODRÍA SER QUE NO ESTAMOS BUSCANDO LAS RESPUESTAS CORRECTAS PORQUE NO ESTAMOS HACIENDO LAS PREGUNTAS CORRECTAS?

Lo más probable es que tu vida ya haya colisionado con esta poderosa ola sísmica de preguntas. Quizás ya has clamado a Dios desde una banca de iglesia, exigiendo saber por qué tu único hijo yace enfrente, en un ataúd revestido de seda. Tal vez has susurrado las palabras desde la habitación de un hospital, con lágrimas que corren por tus mejillas, al sostener la mano de tu mejor amigo. O quizás te has quedado dormido llorando, con el lugar vacío a tu par, donde tu esposo o esposa solía acostarse.

Tal vez has peleado desesperadamente por evadir este gran obstáculo de preguntas, pero fue inútil. Tal vez renunciaste a Dios, completamente desgastado de tanto hacer preguntas, que parece llevar, con ímpetu, a más preguntas. Tu ira se ha convertido en apatía. Tu amargura ha sido transformada en sentimientos de impotencia. Para ti, la vida es un laberinto cruel y retorcido que cambia a cada hora, un laberinto tortuoso para el que Dios, aparentemente, no ha provisto solución, esencialmente no hay salida.

> SIN EMBARGO, NO IMPORTA QUIÉN , O QUÉ, CREAMOS QUE ESTÁ A CARGO, LAS PREGUNTAS PARECEN SER LAS MISMAS.

Es fácil, en tiempos desalentadores como estos, cuestionar y culpar a nuestro Padre celestial. Muchos de nosotros crecimos escuchando la frase demasiado conocida: *"Dios te ama". Quizás te preguntaste: Si Dios me ama tanto, ¿por qué estoy sufriendo? ¿Por qué no puede un Dios amoroso protegerme de este dolor insoportable? ¿Por qué permite que la gente sufra al punto de que eleven sus manos y nieguen su existencia?*

Hasta ahora ¿podría ser que no estamos encontrando las respuestas correctas porque no estamos haciendo las preguntas correctas? Como señala Charles Swindoll, ¿cometemos el demasiado común error de ver la vida desde una perspectiva horizontal, cuando deberíamos estar viendo la vida desde una perspectiva vertical, divina? ¿Estamos tan ocupados tratando de que la vida tenga sentido, desde nuestro limitado punto de vista en la tierra, que en realidad nunca damos un paso atrás para ver el cuadro global con los ojos de Dios desde el cielo? ¿Cómo podemos hacer las preguntas correctas cuando estamos viendo la vida desde la perspectiva incorrecta?

Y lo que es más, automáticamente asumimos que las "respuestas correctas" deberían tener sentido para absolutamente todos en el planeta.

Sin embargo, ¿podría ser que nuestra frustración con las respuestas de Dios, o aparente falta de respuestas, se debe a que no entendemos al

Dios que estamos cuestionando? ¿Realmente tenemos un entendimiento sólido de la santidad, justicia, soberanía, sabiduría y amor de Dios? ¿Estamos haciendo las preguntas adecuadas, desde la perspectiva adecuada, basados en un entendimiento de Dios?

Tal vez no. Después de todo, no todos cuestionan, o abandonan, al mismo Dios de Abraham. Algunos de nosotros creemos en una "fuerza" distinta o, como lo pone un escritor, "en una personificación, de la fuerza de vida o sociedad, orden o alguna mezcla de tales personificaciones".[1] Aunque aproximadamente el noventa y cinco por ciento de estadounidenses dirían que "creen en Dios",[2] sabemos que casi el diez por ciento de los que están en esta categoría creen en un "poder supremo",[3] o un "espíritu universal" distante. (Menos de ocho de cada diez estadounidenses creen en un Padre celestial personal que nos protege y responde a las oraciones).[4]

Sin embargo, no importa en quién, o qué, creamos que está a cargo, las preguntas parecen ser las mismas. "Instintivamente esperamos"[5] sólo lo bueno de este poder supremo, como si fuera nuestro derecho cósmico legítimo el de perpetuamente disfrutar del "menú" de la vida. Y cuando el "empleado cósmico" se equivoca y nos pasa algo que no pedimos, nos enojamos y empezamos a cuestionar la aptitud del empleado, sin mencionar su inteligencia, motivos y dedicación al servirnos, al "cliente que paga".

TODOS CUESTIONARÁN AL EMPLEADO DEL UNIVERSO.

Todos, en algún momento de su vida, cuestionarán al empleado del universo. Cuando las preguntas sobrepasan a las respuestas, el ateo concluye de manera racional que Dios, o su empleado cósmico, no existe. Con tantos pedidos del "menú" que se estropean, ¿cómo es posible que haya un Dios?

Entre tanto que un ateo cree que no hay Dios, el agnóstico, según la *Enciclopedia Columbia*, "sostiene que la existencia de Dios no puede comprobarse ni refutarse".[6] Fue el biólogo inglés T. H. Huxley que inventó primero la palabra agnóstico, porque estaba cansado de que todos constantemente lo catalogaran como ateo.

Es un hecho, ahora muchos agnósticos sostienen que la definición anterior es superficial y engañosa. El agnóstico, afirman, aún puede creer en la existencia del Todopoderoso, pues creen que "la naturaleza de Dios es desconocida, y probablemente inconocible".[7] Podría haber un empleado divino de turno, pero quizás nunca sabríamos, mucho menos entenderíamos, la naturaleza del empleado, y por qué nuestros menús aún no llegan.

LA RESPUESTA ESTÁ EN ALGO MUCHO MÁS INTENSO Y PROFUNDO, EL ENTENDIMIENTO DE DIOS.

Una y otra vez he reflexionado en cómo será para los ateos y agnósticos, o para cualquier otro en este sentido, andar penosamente en el complicado laberinto de la vida sin el Padre divino a su lado.

De niño, que memorizaba versículos de la Biblia y asistía a la iglesia todos los domingos, me era difícil, si no imposible, imaginar a alguien sin Dios.

Recientemente me encontré con los escritos de J. I. Packer, un teólogo prominente que afirmaba que viajar por la vida sin Dios es tan "cruel para nosotros mismos" como lanzar a un "miembro de una tribu del Amazonas" a la caótica Plaza de Trafalgar en Londres. "Descuida el estudio de Dios", dice, y "te sentenciarás a tropezar y a equivocarte en la vida, con los ojos cubiertos, por así decirlo, sin ningún sentido de orientación y sin entendimiento de lo que te rodea".[8]

Pero yo pregunto: "¿Es esta analogía particularmente justa?" ¿Los ateos, los agnósticos y todos los demás que rechazan al Dios de Abraham e Isaac realmente viajan por la vida con aprehensión, tropezándose y sin entendimiento de nada de los sucesos de la vida que les pasan zumbando?

Tendría que concordar con el ministro ordenado y teólogo, J. B. Phillips, que afirma que una pared de ignorancia que prevalece separa a los que no conocen a Dios de los que afirman que sí lo conocen.[9] Así como nunca sabré cómo es para un ateo o un agnóstico vivir la vida sin Dios, igualmente, la mayoría de los ateos y agnósticos nunca sabrán cómo es caminar por los callejones de la vida de la mano de un Padre celestial, íntimo y amoroso. La verdad es que algunos sí lo descubren al final.

El catedrático de Oxford y Cambridge, C. S. Lewis, que alguna vez fue conocido como el "ateo feliz,"[10] adoptó a Dios como su Salvador cuando tenía unos treinta años de edad. Más tarde, Lewis llegó a ser el autor célebre de más de veinticinco libros, incluso la serie de Las Crónicas de Narnia. "Pocas figuras del siglo veinte han influido de manera tan penetrante a la cristiandad como C. S. Lewis", escribe el Dr. Gerard Reed.[11] Y Josh McDowell, un ex agnóstico que una vez intentó refutar la resurrección de Jesucristo, desde entonces ha escrito o escrito junto con otros más de setenta y siete libros para su Creador. "Pocas personas han tenido un impacto tan amplio para la fe cristiana en audiencias universitarias como Josh McDowell", dice Brilly Graham.[12]

En contraste con McDowell, muchos agnósticos perspicaces no logran tocar el timbre después de llegar a la puerta de Dios. Cegados por las tragedias e incertidumbres de la vida, se preguntan: "¿No puede Dios [si existe] tratarnos como adultos inteligentes y permitirnos tener por lo menos unas cuantas pistas para adivinar de qué se trata la vida?".[13]

Efectivamente, ¿no es esta la misma pregunta que parece que casi todos están haciendo? ¿Por qué nos ha dejado Dios aquí en esta tierra para que nos las arreglemos, sin dejarnos entrar en, por lo menos, algunos de los misterios de la vida?

LAS PREGUNTAS DE CONTROL

A medida que progresaba mi carrera de medicina, descubrí que mis pacientes y sus familias estaban haciendo preguntas similares, pero no en voz alta. No gritaban por los pasillos "¡DIOS! ¿Por qué estoy sufriendo con cáncer del páncreas? Yo confié en ti, y ¡mira lo que hiciste!" Los padres y las madres no se paraban en lo alto del techo del hospital gritando de manera desafiante: "¡DIOS! ¿Por qué permitiste que a mi hijo le dispararan en la cabeza? ¿Qué clase de Dios eres entonces?

No hacían esas cosas. En lugar de eso, abrigaban toda su ira, toda su frustración y amargura, y se la lanzaban a los doctores, enfermeras, y cualquiera que estuviera involucrado en su caso. No siempre supe quién hacía qué pregunta, pero siempre supe quién no estaba recibiendo las respuestas que estaba buscando.

Entonces hice otra observación interesante: Mis pacientes más exasperantes y ofensivos, junto con sus familias aún más ofensivas, no caían en alguna categoría particular de "fe en Dios". De hecho, algunas de mis peores experiencias fueron con los que supuestamente dedicaban sus vidas a Dios. El pastor terminaría orando con la familia, diría algunas palabras de ánimo, luego, al pasar por la mesa de noche donde estaba la Biblia, salía de la habitación.

Algunos minutos después yo entraría a la misma habitación, y ¡ZAS!, ¡un misil de ira me caería encima! A menudo llegaría de un miembro de la familia: "¡La enfermera no cambió las vendas esta mañana! ¡Los terapeutas no están presionando lo suficiente! ¿Por qué le recetó Tylenol sin consultarme? Usted pidió los rayos X hace treinta minutos, ¿dónde están? ¡Los huevos están fríos! ¡Yo pedí huevos fritos! ¡Mi padre no recibió sus huevos!" Y similares. Recuerdo una madre que me miraba cada vez que ponía un pie en la habitación como si yo hubiera sido el que le había disparado a su hijo de quince años, que ahora estaba discapacitado.

SÉ TODAS LAS RESPUESTAS; LO QUE NO ENTIENDO SON LAS PREGUNTAS.

Afortunadamente para los doctores y la comunidad médica como un todo, la mayoría de pacientes no actúa de esta manera. Muchos simplemente atribuyen sus circunstancias trágicas a "la mala suerte", y creen que ningún poder supremo es responsable de sus desgracias. ¿Cómo pueden enojarse con Dios cuando ni siquiera está en control?

Sin embargo, cuando le di una mirada más de cerca a mis pacientes modelo, descubrí que compartían una creencia común con algunos de mis pacientes más exigentes: Una creencia de que Dios definitivamente estaba en control, que permitía que sucediera cualquier tragedia. Y me preguntaba: ¿Por qué una diferencia tan radical en el comportamiento entre estos dos grupos de pacientes? Si los pacientes con tragedias similares realmente creían que Dios estaba en control total, ¿por qué algunos estaban tan increíblemente enojados, entre tanto que otros, aparentemente, no lo estaban?

En los años que siguieron, busqué la respuesta y finalmente la encontré. La respuesta, sin embargo, no se encontraba en la educación ni status social. Tampoco estaba en la membresía de una denominación religiosa en particular. La respuesta se encontraba en algo mucho más intenso y profundo: *el entendimiento de Dios*.

No estoy hablando simplemente de un conocimiento superficial del Todopoderoso, sino de un entendimiento, arraigado y que penetra en el corazón, del carácter incomparable de Dios y de sus caminos, que a veces son misteriosos. En esencia, un grupo creía que Dios les debía una vida larga de felicidad y salud a cambio de su lealtad, y el otro grupo no lo creía.

AUNQUE TU CORAZÓN Y TU MENTE NO ACEPTEN A DIOS EN ESTE MOMENTO, ORO PORQUE ALGÚN DÍA TU ALMA ANHELE, CON PASIÓN INSACIABLE, PODER EXTENDER LA MANO Y TOCAR EL RESPLANDOR CEGADOR DE SU GLORIA

Sin duda mis pacientes modelo, que confiaban en Dios, estaban enojados. Pero su ira no estaba arraigada directamente en la creencia de que sólo merecían sus "menús" de Dios. Su ira era más una indignación justa, por la maldad que los había limitado de su salud, ya fuera que hubiera llegado por algún conductor ebrio o por genes imperfectos, provenientes del pecado de Adán y Eva en el Jardín del Edén. La ira no es necesariamente mala en y de sí misma, sino la fuerza motriz que está *detrás* de la ira y que debe ser analizada cuidadosamente.

CÓMO ENCOGER LA OLA SÍSMICA

Recuerdo con cariño muchas visitas de mi temprana niñez a mis amados abuelos. Mis memorias de ellos, profundamente impresas, son mucho más queridas ahora que ya no están. Mi abuelo era un hombre humilde, con un gran corazón y una sonrisa mucho más grande. Le encantaba repetir chistes y dichos favoritos y después se reía como si fuera la primera vez que los contaba.

Ocasionalmente yo entraba a su estudio; a veces estaba allí, revisando papeles de su aserradero, pero a menudo no estaba. Curiosamente yo serpenteaba por la habitación desordenada y polvorienta, y examinaba su extraña colección de libros deteriorados por el tiempo, pinturas y fotografías.

En una de esas ocasiones, observé, justo arriba de la puerta, una placa de madera que había pasado por alto en mis excursiones previas. Había escuchado a mi abuelo decir riendo las palabras, pero esta era la primera vez que realmente puse mis ojos en ellas. Con letra en negrilla, en la placa estaba esta máxima:

> Sé todas las respuestas.
> Lo que no entiendo
> Son las preguntas.

Al pensar en eso, creo que mi abuelo tenía allí la placa como una advertencia divertida para sí mismo, así como para aquellos que erróneamente pensaban que sabían todas las respuestas. De manera similar, me propuse tener esta placa encima de la puerta de mi mente, no fuera que, al escribir esta serie de libros, engañe a mis lectores haciéndolos creer que podemos saber todas las respuestas. Admito claramente que no poseo todas las respuestas. Nadie las tiene, excepto Dios. Y si alguien te dice lo contrario, probablemente no entiende las preguntas.

Sin embargo, Dios sí nos dejó algunas verdades valiosas en cuanto a de qué se trata la vida; pistas indispensables que nos permiten un entendimiento más profundo, aunque limitado, de su carácter, y consecuentemente, un entendimiento profundo de quién somos y por qué existimos. Intentaremos salir por encima de esta ola sísmica desconcertante de preguntas al examinar la pregunta "¿Qué estaba pensando Dios?", pero pensar que podemos reducir siglos de preguntas impresionantes a un charco de lodo banal es tontamente absurdo.

Confieso que abordar a ese noble pero colosal tema de ¿Qué estaba pensando Dios? y tratar de contener el material en unos cuantos libros pequeños no será una tarea fácil. De muchas maneras, es como tratar de atiborrar el mundialmente famoso Jardín Botánico Real de 300 acres de Kew, que contiene más de 40,000 clases de plantas, en un jardín trasero promedio. Seguro, podrías elegir una selección de plantas bellas y exóticas para llenar tu pequeña parcela, pero apenas se haría una abolladura en el espléndido jardín de Gran Bretaña.

Aún así, he seleccionado cuidadosamente las "plantas" más exquisitas (el contenido de la serie) utilizando dos criterios: uno, esas perfecciones, o atributos de Dios que hacen surgir la mayoría de preguntas y confusión, y dos, aquellas perfecciones de Dios que, cuando se aferran firmemente en nuestros corazones, tendrán el mayor impacto en nuestras vidas.

Entre tanto que haré lo mejor que pueda en esta serie de libros para "tomar tu pedido" al responder muchas de tus preguntas más difíciles sobre Dios, tengo que advertir que quizás no recibas exactamente lo que pediste. Ya que obtener un entendimiento *genuino* de Dios es nuestra meta principal, no voy a engañarte y darte el Dios que quizás *quieres*. En lugar de eso, voy a describirte e ilustrarte ricamente el Dios que des*esperadamente necesitas*. Un Dios tan valiosamente único, tan completamente radiante, tan infinitamente sabio, tan maravillosamente amoroso, y tan magníficamente santo, que aunque tu corazón y tu mente no acepten a Dios en este momento, oro porque algún día tu alma anhele, con pasión insaciable, extender su mano y tocar el resplandor cegador de su gloria.

Nunca podremos saber quién o qué
somos hasta que, por lo menos,
conozcamos algo de lo que Dios es.[1]

—A. W. TOZER

EL CONOCIMIENTO DEL DIOS SANTO

2

¡Pide un deseo!

Claro que sería ingenuo al pensar que absolutamente todos los que leen este libro genuinamente desean un entendimiento más profundo de Dios. En este mismo instante, este pensamiento podría ocupar un lugar primordial en tu mente: "Soy *verdaderamente* exitoso. Tengo una carrera retadora y lucrativa, una familia maravillosa y salud perfecta; no podría estar más contento y feliz con mi vida. ¿Por qué entonces necesito del *entendimiento* de Dios? ¿Qué hay de malo con el conocimiento básico que poseo?

Considera la siguiente posibilidad.

Es tu cumpleaños. No sólo cualquier cumpleaños, sino una verdadera fiesta, ¡un fiestón a lo grande! Quizás acabas de cumplir una edad clave, veinticinco, cuarenta, o sesenta y cinco. Tu amado(a) te ha organizado una fiesta sorpresa en uno de los restaurantes de moda en la ciudad. La mitad del lugar es tuyo, serpentinas y globos del techo al suelo. Todos tus amigos cercanos y amigos están allí, y disfrutan de los entremeses, ríen, hacen bromas, y te felicitan por haber llegado hasta aquí en la vida, sin matar a tu jefe ¡ni al odioso gato de tu vecino!

¡De repente, todos comienzan a cantar el "Cumpleaños Feliz"! Llega el pastel de chocolate con velas, los brazos de tu querido(a) te rodean, y te da un gran beso en la mejilla. Sientes un aliento cálido y suave en tu oreja al escuchar las palabra: ¡Pide un deseo!

Al ver a tu alrededor, todo parece tan perfecto, y te preguntas: ¿Qué más puedo desear en la vida?

Al acercarse el final de la noche, te despides del último invitado. Tus brazos están llenos de regalos. Tú y tu alma gemela caminan por la calle oscura, riéndose y discutiendo alegremente sobre quién comió más pastel de chocolate. La discusión que tuvieron antes de dónde estacionar el automóvil ahora parecía tan tonta. Te das cuenta del propósito de tu pareja al evitar el servicio del aparcacoches para ganar tiempo y, de esta manera, dar tiempo para que los invitados llegaran.

ESTAS PREGUNTAS QUE TRATAN DE LA MUERTE Y DE DÓNDE SE ENCUENTRA TU RELACIÓN CON DIOS SON CRUCIALES.

Al llegar a tu sedán Mercedes en el casi vacío estacionamiento, buscas las llaves, todavía riendo y balanceando los regalos. Cuando te inclinas para insertar la llave en la puerta, el regalo de arriba empieza a resbalarse. Tratas de agarrarlo, pero la caja cae en el suelo haciendo un ruido sordo.

Lo que sucede después es una imagen borrosa. Recuerdas el grito penetrante, quizás fue el tuyo. Recuerdas sentir un dolor agudo en tu pecho. Y recuerdas ver tu camisa, que lentamente se empapó de sangre. Luego te envuelve una oscuridad silenciosa.

En cuestión de segundos, tu vida se ha alterado. Un cuchillo común de cocina ha entrado y salido de tu pecho, todo por el poco de dinero en efectivo que tienes en tu billetera. Ya no es el chico hispano de dieciséis años el que está en la camilla de la sala de emergencias, eres tú. Yaces inconsciente, tu pecho manchado de sangre está abierto, un médico que nunca antes habías visto está sobre ti, presionando tu corazón cálido y quieto. Minutos después te llevan a la sala de operaciones. Los doctores trabajan febrilmente, tratando de reparar la arteria rota y el músculo, al igual que lo hicieron con el chico hispano.

Pero, desgraciadamente, demasiado tiempo ha pasado. Al ver el reloj, el anestesiólogo observa la hora y escribe en tu cuadro: Hora de fallecimiento: 11:23 p.m.

Si de alguna manera hubieras podido predecir este trágico fin de tu cumpleaños (como el trágico fin de la vida del chico hispano de dieciséis años), ¿cuál habría sido tu deseo? ¿Habrías deseado vivir tu vida de manera distinta? ¿Habrías deseado que, de alguna manera, hubieras descubierto tu propósito en la vida? ¿Habría girado tu deseo alrededor de la oportunidad que perdiste de tener una relación íntima con el Dios que te creó?

En este día y época, sólo el morboso (y algunos escritores y patólogos forenses) pasa sus días fascinado con los finales trágicos y la muerte. Para la mayoría del mundo, la muerte es vista como el final doloroso del viaje de la vida en montaña rusa, y el misterioso comienzo de otra. Consecuentemente, muchos apartan la idea de la muerte sin pensar en serio en las palabras de Jesús en el evangelio de Mateo: Porque ¿qué aprovechará al hombre, si ganare todo el mundo y perdiere su alma? (Mt. 16:26a). Quizás hayas visto la camiseta que dice: "El que muere con más juguetes, aún así muere".

¿ALGUNA VEZ TE HAS DETENIDO POR UN SEGUNDO PARA PENSAR QUIÉN CONTROLA EL DESTINO DE TU ALMA?

Estas preguntas que tratan de la muerte y de dónde se encuentra tu relación con Dios, el juez y creador del universo, son preguntas cruciales. No pueden ser simplemente echadas en la caja de las cosas en las que no es tan bueno pensar. Todos nos pararemos ante Dios en el día final para dar cuenta de nuestras vidas. ¿Cuál será la respuesta de tu boca?

Ahora mismo podrías estar pasando el tiempo tranquilamente en tu cómodo porche, admirando el mundo de tu jardín; pero, ¿alguna vez te has detenido a pensar quién posee la propiedad? Alguna vez has tomado un momento en el clamor de la vida para pensar tranquilamente en estas preguntas importantes: ¿Quién me creó? ¿Quién posee mi vida? ¿Por qué fui creado? ¿Alguna vez te has detenido por un segundo para pensar quién controla el destino de tu vida?

Podrías preguntarte dónde podemos encontrar las respuestas a estas preguntas importantes. ¿No piensas que si un Dios todopoderoso y sabio existe, él querría comunicarnos su verdad por el medio más objetivo posible? ¿Acaso alguien tan inteligente como Dios no escribiría estas respuestas en blanco y negro, en el libro número uno y mejor vendido de todos los tiempos? Quizás ya nos ha dicho lo que estaba pensando.

CUANDO TODO EL SIGNIFICADO DE LA VIDA SE HA DESVANECIDO, ES DE SUMA IMPORTANCIA DÓNDE BUSQUES EL VERDADERO SIGNIFICADO.

Después de perder a todos sus hijos, hijas, sirvientes y posesiones de manera trágica, Job confesó desde las cenizas que en las manos de Dios "está el alma de todo viviente, Y el hálito de todo el género humano" (Job 12:10). Pasamos más tiempo leyendo la pequeña letra de nuestra póliza de seguro de vida que leyendo la letra grande de nuestras Biblias. Como resultado, muchos están verdaderamente sin seguro cuando sobreviene un desastre.

El seguro realmente tiene sus ventajas. Ni quiera Dios que yo te engañe haciéndote creer que Dios es simplemente el asegurador de la póliza de seguro de nuestra alma, y que la cobramos cuando morimos. Si esta fuera la intención de Dios, habría inspirado a un montón de abogados para que hicieran anteproyectos de formularios legales, no cuarenta y tantos escritores para que escribieran la Biblia. No, Dios tenía un propósito mucho más amplio cuando inspiró la escritura de su Palabra.

Piensa en una segunda posibilidad.

Supongamos que tú no estabas en la camilla que los paramédicos ingresaron. Quizás, como el mejor amigo de la víctima de dieciséis años que fue apuñalado, con quien hablé más tarde, tú viste el cuchillo entrar. Estás solo, derrumbado a la par del teléfono público del silencioso corredor del hospital. Lleno de culpa, te preguntas si de alguna manera podrías haber prevenido lo que sucedió. Tu ser amado yace en la mesa de la sala de operaciones, y en este momento desgarrador, nada más importa. Tratas de orar, pero es tu primera conversación genuina con Dios. Torpemente, clamas: "Dios, ¡salva su vida por favor! Prometo que iré a la iglesia todos los domingos. Seré una mejor persona, lo juro. No lo amo (o la amo) como debería. Pero por favor, oh Dios, sólo otra oportunidad, otra oportunidad... te lo suplico..."

A través de tus lágrimas observas dos pies que se asoman. Hasta este momento has tratado de mantener un comportamiento valiente. Pero ahora todo se derrumba. Al ver la cara del cirujano, te das cuenta de que nunca tendrás esa oportunidad. No habrá más fiestas de cumpleaños. No más risas ni bromas. Y no más paseos tarde en la noche con tu alma gemela.

Al principio lo niegas, esperando salir pronto de ese sueño cruel. Pero finalmente la ira y la culpa se apoderan de ti... y de aquí en adelante, tu vida cambiará para siempre.

CÓMO ELIMINAR EL ÓXIDO

He sido testigo de muchas transformaciones de vida devastadoras como esa. La muerte de esposos, esposas, hijos y amigos origina un sendero de amargura y remordimiento que parece que los seres queridos tienen la intención de seguir hasta sus muertes prematuras, que a veces ocurren. A menudo estas emociones ruinosas terminan en una vida agonizante de enfermedades psicosomáticas, impulsadas por el "y si hubiera" y el "por qué". Cuando todo el significado de la vida se ha desvanecido, es de suma importancia dónde busques el verdadero significado. Búscalo en el alcohol, las drogas, las apuestas o el sexo y los resultados podrían ser desastrosos.

Me doy cuenta de que para algunos de ustedes, esas tragedias imprevistas nunca han llegado al buzón de la vida. Los placeres de la vida simplemente se siguen acumulando de manera inesperada en tu puerta, infundiéndote una falsa sensación de seguridad, y quizás ocasione que totalmente rechaces tu necesidad de un Dios y Salvador personal.

Pero, permíteme preguntarte esto, querido amigo: En lo más profundo de tu ser, *¿estás verdaderamente feliz y contento con tu vida?* ¿Eres capaz de disfrutar al máximo de los mejores placeres? ¿Te han proporcionado el contentamiento duradero que has anhelado todos los bonos de la compañía, las mansiones, las propiedades, los yates y los automóviles que has acumulado? ¿O son tu felicidad y contentamiento simplemente una capa de pintura que meticulosamente has puesto sobre el óxido de tu buzón, los problemas y ansiedades de tu alma, que engaña a tus vecinos para que crean que tu vida es un metal suave y brillante, sin una mancha de corrosión? Simplemente exhibir felicidad y contentamiento, y realmente poseer paz y gozo genuinos son dos cosas totalmente distintas. Tarde o temprano el óxido de tu buzón corroerá, y será necesario que busques más pintura.

QUÍTALE EL PROPÓSITO A LA VIDA, Y LE QUITARÁS EL SIGNIFICADO.

Pero, alabado sea Dios que el gozo y la paz que generosamente fluyen en su almacén abundante no sólo cubren el óxido, ¡lo eliminan! Nuestro Dios es el "Padre de misericordias y Dios de toda consolación, el cual nos consuela en todas nuestras tribulaciones", escribe el apóstol Pablo (2 Co. 1:3–4). No es el Dios de alguna consolación, ¡sino el Dios de toda consolación! Para los que lo aman, Dios promete gozo satisfactorio y paz indescriptible "que sobrepasa todo entendimiento", a pesar de las circunstancias (Fil. 4:7; cf. Sal. 16:11; Ro. 15:13).

Sin embargo, tal vez tu estilo de vida relajado, que es posible por algunas sabias decisiones financieras que has hecho, te ha engañado al pensar que posees esa profunda paz de Dios. Si así es, esta siguiente pregunta podría descubrir algún óxido escondido: ¿Has descubierto el verdadero significado de la vida? Si yo te ofreciera un año de hedonismo total, lleno de todo el sexo promiscuo, alcohol, cocaína, riqueza, poder y el status de celebridad que pudieras desear, podrías rechazarlo por la vida tranquila que ahora disfrutas. Pero, ¿aún podrías decir que tu vida tiene un verdadero significado? Si en lugar de eso te ofreciera una eternidad, millardos y millardos de "años", de gozo, felicidad, contentamiento, paz y significado indescriptibles, en una correcta relación con Dios, ¿también la rechazarías? En relación con la eternidad, la búsqueda de un estilo de vida hedonístico y egocéntrica o de un estilo de vida cómodo es un simple momento de locura sin sentido.

Cientos de millones en nuestro planeta están tratando de entenderse o de "descubrirse" a sí mismos en el contexto de esa vida de un crucero de placer. Pero, ¿cuántos realmente encontrarán lo que buscan durante sus vidas efímeras? Aún los que confiesan estar buscando a Dios no siempre encuentran un verdadero significado. Toda secta y denominación religiosa lleva consigo un subgrupo de seguidores que están buscando, de manera apasionada, el verdadero significado de la vida, ya sean hare krishnas, testigos de Jehová, o cristianos nacidos de nuevo.

NO HAY NADA QUE HAGAMOS EN LA VIDA QUE NO ESTÉ INFLUENCIADO, DE ALGUNA MANERA, POR NUESTRA OPINIÓN DE DIOS.

Por ejemplo, un estudio realizado por dos de los encuestadores más respetables de los Estados Unidos, George Barna y George Gallup, hijo, demostró que "el treinta y cinco por ciento de los cristianos nacidos de nuevo dice que todavía está buscando el significado de la vida". Irónicamente, un porcentaje similar de no cristianos admite lo mismo.[2]

Ravi Zacharias, el erudito de apologética y conocido conferencista, declara: "El propósito es para la vida lo que el esqueleto es para el cuerpo".[3] Quítale el propósito a la vida y le quitarás el mismo marco de referencia a tus metas, aspiraciones y pasiones. Quítale el propósito a la vida y le quitarás el significado. ¿Cómo puede uno entender verdaderamente su propósito en este mundo sin tener un entendimiento decente del Dador de propósito?

Todo esto me lleva a preguntar: *¿Qué tan bien entiende la persona promedio a Dios en su voluntad para su vida?*

COMO NADA

Como catedrático asociado del Seminario Teológico de Dallas, el Dr. Robert P. Lightner escribió: "el entendimiento de [Dios] proporciona una base para entenderse a sí mismo y la responsabilidad que se tiene ante de Dios y otros hombres".[4] El reformador Protestante suizo Juan Calvino correctamente testificó "que el hombre nunca alcanzará un conocimiento genuino de sí mismo si previamente no ha contemplado la cara del Señor, y no ha descendido después de tal contemplación para verse a sí mismo".[5] San Agustín escribió en sus Confesiones: "Tú nos hiciste para ti y nuestro corazón estará impaciente hasta que descanse en ti".[6]

MIENTRAS QUE EL CONOCIMIENTO SE ENFOCA PRINCIPALMENTE EN LOS HECHOS, EL ENTENDIMIENTO SE ENFOCA EN ORDENAR ESTOS HECHOS, DESDE UNA PERSPECTIVA DIVINA, PARA FORMAR UN CAMINO LLANO Y TRANSITABLE.

Antes de que podamos reconocer y tratar con nuestro orgullo, injusticia e insensatez que están profundamente arraigados, debemos examinar el carácter majestuoso, justo y santo de nuestro Creador perfecto.[7] Para entender algo del papel que se nos ha asignado aquí en la tierra, es importante que primero entendamos al Dios que da estos papeles. Antes de alcanzar un descanso genuino, debemos venir con un corazón humilde al Dador genuino del descanso. Sin el entendimiento de Dios y sus prioridades: "todo lo demás en la Biblia y en la vida", declara Lightner, "se convierte en algo vago y sin sentido".[8]

Fue A. W. Tozer quien escribió: "Lo que viene a nuestras mentes cuando pensamos en Dios es lo más importante de nosotros".[9] Esto es tan cierto. La manera en que veamos a Dios influencia la manera en que tratamos a los demás, en que nos manejamos en situaciones morales, en que percibimos y manejamos la adversidad, en que manejamos el éxito y el fracaso y la manera en que nos vemos a nosotros mismos introspectivamente. Todas nuestras acciones, pensamientos, aspiraciones, actitudes, creencias y planes futuros están profundamente influenciados por nuestra percepción del Todopoderoso. *No hay nada que hagamos en la vida que no esté influenciado, de alguna manera, por nuestra opinión de Dios.*

"Dime lo que una persona cree", dice Ralph Waldo Emerson, "y yo te diré lo que hará".[10] Dime tu entendimiento de Dios, y yo adivinaré cómo reaccionarás en el campo moral de la vida. Y por consiguiente, la manera en que reaccionas a la tragedia directamente refleja quién está al control de tu vida, así como lo que consideras que es verdadero, el mero núcleo de tu ser.

Por lo que pregunto por última vez: "¿Por qué necesitamos del entendimiento de Dios?" El entendimiento de Dios nos da una paz interna genuina y confianza en la posición de nuestras almas inmortales a los ojos de Dios. También proporciona una vía directa para encontrar el verdadero significado de la vida, incluso en medio de dificultades y tragedia. Además, un entendimiento de Dios nos permite un mejor entendimiento de nosotros mismos, junto con una comprensión fresca del papel que desempeñaremos aquí en la tierra y que nos fue asignado divinamente. Pero lo que es más importante, un entendimiento de Dios lleva a una relación más profunda, más rica y más satisfactoria con él, nuestro Señor y Padre celestial. Por eso es que tener un conocimiento básico de Dios no es suficiente. Es como la diferencia que hay entre leer acerca de una persona y vivir con ella, en una relación cercana. Sólo al entender a Dios podemos experimentar de manera genuina su presencia y descubrir el verdadero significado y propósito de la vida.

En resumen, nada afectará tu vida de manera tan grande y cambiará tu perspectiva del mundo como un entendimiento íntimo de Dios y sus caminos.

CÓMO ORDENAR NUESTRAS PASADERAS

Imagínate estar parado, inseguro, a la orilla de un río revuelto de treinta metros de ancho. Al mirar por las aguas oleadas, miras dos pasaderas puestas al azar, con unos sesenta centímetros de distancia entre ellas, que representan tu única esperanza de pasar con vida. ¡Y tienes que cruzar!

Sin embargo, dudas un poco hacerlo porque las piedras son escasas. , Ah, qué importa , dices finalmente. Con más determinación que una cucaracha de una pata, que está varada en un lugar donde se prueban bombillas, enfocas tus ojos y energía en una piedra resbaladiza que está cerca, aprietas los dientes y saltas, apenas lo logras. ¡Uff!

Después de recuperar el equilibrio y el valor, echas un vistazo hacia tu próxima piedra, miras una como a un metro de distancia. Con la cabeza hacia abajo, enfocándote bien, vuelves a saltar, esta vez aterrizas completamente sin equilibrio, casi te resbalas de la piedra cubierta de musgo. ¡Pero ahora la piedra más cerca que tienes adelante requerirá de un salto de dos metros de distancia! En lugar de arriesgarte, das marcha atrás al elegir una piedra más cercana que está a tu derecha.

Por lo que saltas a quince piedras distintas, sólo para darte cuenta de que has tomado la ruta equivocada y tienes que dar marcha atrás.

Después de una hora agotadora de estar zigzagueando de atrás para adelante por el agua peligrosa, te das cuenta de que estás en una situación desesperada, y regresas a tu lugar de inicio a la orilla del río, frustrado y agotado.

Una experiencia enloquecedora similar ocurre en nuestras mentes casi todos los días. Estas pasaderas representan los hechos de Dios en nuestra conciencia, y el amplio abismo es la pregunta exasperante e intelectual en la que estás tratando de navegar. Cuando se trata de entender a Dios, hay muchos ríos desalentadores, u obstáculos mentales, en nuestras mentes como: *¿Por qué Dios no da prueba de sus capacidades al mundo? ¿Cuál es la voluntad de Dios para mi vida? ¿Por qué permite Dios tanto sufrimiento en nuestro planeta? ¿Por qué no hace Dios más milagros ahora? ¿Por qué permite Dios que exista el mal? ¿Por qué permitió Dios que mi ser querido muriera?* Etcétera.

EL ENTENDIMIENTO SE TRATA MUCHO MÁS DE LO QUE SOMOS Y NO QUE DE LO QUE APARENTAMOS SER.

Al tratar de cruzar estos ríos que a menudo son desmoralizadores, es probable que enfoques toda tu energía mental solamente en unos cuantos hechos, o pasaderas, a la vez (por ejemplo, Dios es todopoderoso o Dios es un Padre amoroso). Si el río es relativamente angosto (un obstáculo mental pequeño), entonces existe una posibilidad bastante buena de que llegues a salvo, saltando por tus pasaderas, aunque estén colocadas un poco al azar.

Pero si el río es extremadamente ancho, que representa una pregunta verdaderamente difícil acerca de Dios, entonces es posible que estas pasaderas te fallen en tu esfuerzo; esto significa que otro abismo exasperante permanece sin ser atravesado en tu lógica. Mientras más intentes cruzar el río obstinado, te pondrás más frustrado. Para muchos ateos y agnósticos, todo lo que se necesita es un río que no se puede atravesar y Dios recibe la gran dimisión.

EL ENTENDIMIENTO HABITA EN LO MÁS PROFUNDO DE NUESTRO CORAZÓN Y ACTÚA COMO EL GUARDIÁN DE NUESTRA ALMA.

Pero imagínate al control de una grúa gigante de sesenta metros de altura. Con habilidad presionas las palancas y botones del poderoso aparato, cuidadosamente levantas cada pasadera, la sacas del agua, y la colocas suavemente en línea con otras piedras. Mientras el conocimiento se enfoca principalmente en los hechos, el entendimiento se enfoca en ordenar esos hechos, desde una perspectiva divina, para formar un camino llano y transitable. Cuando todas las pasaderas ya están claramente en su lugar, ya no estás obligado a "matarte" al enfocarte en cada piedra solitaria. En lugar de saltos equivocados de una piedra a otra, el viaje se convierte en un paso confiado, tranquilo y a salvo por el río. Entender es ordenar estas pasaderas para formar un camino llano en nuestro viaje por estos ríos desconcertantes. *Entendimiento* es el premio transformador que obtienes en el proceso, se descubren los tesoros del entendimiento.

Esta es la razón principal por la que todos tienen un "mosaico de Dios" distinto. (Mosaico es la colección de piezas coloridas, que están unidas como un rompecabezas para formar un diseño). El *conocimiento* implica encontrar las piezas brillantes para el mosaico; entender involucra encajar de manera ingeniosa todas las piezas. Para algunos creyentes, sus piezas encajan bastante bien para formar un mosaico congruente y reconocible. Pero para otros, sus mosaicos son como un rompecabezas de mil piezas que se lanzó al azar en un cubo de pegamento. Todas las piezas podrían estar allí, y podrían estar pegadas todas juntas, pero el mosaico está tan desordenado que sólo sirve para confundir más a su dueño.

John Locke V dijo esto:

> El entendimiento, como los ojos, entre tanto que nos hace ver y percibir todas las cosas, no hace caso de sí mismo, y se requiere de arte y de esfuerzo para ubicarlo a una distancia y hacerlo su propio sujeto.[11]

Efectivamente, el entendimiento es los ojos por los cuales vemos la vida. Es el poder de discernir, absorber y apreciar las herramientas complicadas entre bastidores que forman nuestra existencia. Es la habilidad de transformar lo intangible en tangible. En contraste a la inteligencia, personalidad y status social, el entendimiento se trata mucho más de *quién* somos y no de lo *que* aparentamos ser. Es el determinante clave de cómo percibimos nuestros alrededores, cómo nos acercamos a los problemas complejos, cómo tomamos decisiones difíciles, cómo manejamos la crítica, cómo vemos a los demás y, lo más importante, cómo vemos a Dios. El entendimiento nos permite tener una vista total del cuadro global, y nos concede la habilidad de arreglar las cosas intangibles de la vida. Al igual que un albañil experto, el entendimiento alinea y

> SI QUIERES UNA VIDA RADICALMENTE TRANSFORMADA, DEBES BUSCAR EL ENTENDIMIENTO COMO SI FUERA LA SUBSTANCIA MÁS PRECIADA Y CARA DE LA FAZ DE LA TIERRA.

vuelve a alinear laboriosamente los hechos de Dios en nuestras mentes hasta que nos sentimos cómodos con nuestras creencias. Sin embargo, lo más importante es que el entendimiento habita en lo más profundo de nuestro corazón y actúa como el guardia de nuestra alma. Sólo a lo que concuerda con nuestro mosaico de Dios se le da entrada a lo más profundo de nuestro ser.

Como lo hemos visto, la diferencia que hay entre *conocer* y *entender* es enorme. La mayoría de nosotros colecciona piezas de rompecabezas de Dios, de libros, conversaciones, seminarios, sermones, y hasta por leer la Biblia. Pero tendemos a aislar los atributos de Dios unos de otros y nunca los atamos de manera exitosa para demostrar, de manera adecuada, cómo funcionan simultáneamente. Pues es imposible entender a Dios *genuinamente* a menos que uno pueda ver el cuadro global desde la perspectiva de Dios. Para responder a la difícil ola sísmica de preguntas, uno *tiene* que poder encajar de manera efectiva las piezas del rompecabezas de la eternidad, la trascendencia, la sabiduría, la justicia, la paciencia, la ira, la santidad, el amor, la soberanía y la majestad de Dios. *Conocer a Dios* verdaderamente, entonces, es mucho más que sólo conocimiento teórico de memoria, o incluso un entendimiento básico. *Es un entendimiento personal que combina todas las clases de conocimiento.* Una vez escuché a un sabio doctor en medicina decir: "Dios no es una materia que hay que aprender; es una persona que hay que conocer".[12] *Conocer a Dios* genuinamente implica una relación personal, arraigada y única. Aún mejor es tener un entendimiento de Dios que nos lleva mucho más allá que un conocimiento teórico. Como en el matrimonio, la intimidad genuina está sujeta al entendimiento del carácter único de tu pareja, así también en nuestra apreciada relación con Dios.

En esta serie de libros te proporciono una cantidad de hechos, o pasaderas, de Dios. Sin embargo, mi meta no es simplemente lanzar estas pasaderas como *Freesbies* gigantes, sino también de ayudarte a comprender cómo ordenarlas.

A medida que viajamos, guarda esta analogía en tu mente. No te enfoques solamente en las pasaderas que te proporciono, sino concéntrate en unir las piedras. He pasado miles de horas estudiando y meditando en las Escrituras en un intento de descubrir las pasaderas correctas. Para ayudarte a alinear estas piedras, he empacado tantas ilustraciones creativas y analogías en las páginas de esta serie de libros como me fue posible. Te darás cuenta de que algunas son divertidas, algunas son conmovedoras, otras son desgarradoras, y muchas hacen reflexionar. Quiero ayudarte a tener éxito.

Pero hay algo que yo no puedo hacer. Realmente no puedo ordenar las pasaderas en tu mente. Esa parte del viaje depende de ti. Y eso es una tarea difícil. El Rey Salomón, el hombre más sabio que ha existido (ver 1 R. 3:12), escribió: "...haciendo estar atento tu oído a la sabiduría; si inclinas tu corazón a la prudencia, si invocas a la inteligencia, y pides que la prudencia te asista; si la buscas como si fuera plata, y la examinas como a un tesoro" (Pr. 2:2–4 RVR95).

Si quieres un entendimiento de Dios que transforma, tienes que clamar por él con cada célula de tu cuerpo. Si quieres una vida cambiada de forma radical, debes buscar el entendimiento como si fuera la sustancia más preciada y cara de la faz de la tierra. Si no haces tu mejor intento por ordenar las pasaderas de tu mente, alguien intentará hacerlo por ti. Y los resultados, más usualmente que no, serán desastrosos porque estamos viviendo en una época en que muchos falsos maestros están simplemente "haciendo cosquillas" en los oídos de sus estudiantes con palabras que quieren escuchar (ver 2 Ti. 4:3).

¡Debes tener éxito en este viaje a todo costo!

PUES ES IMPOSIBLE ENTENDER A DIOS GENUINAMENTE, A MENOS QUE UNO PUEDA VER EL CUADRO GLOBAL DESDE LA PERSPECTIVA DE DIOS.

Mejor es adquirir sabiduría que oro preciado,
Y adquirir inteligencia vale más que la plata.

—REY SALOMÓN

PROVERBIOS 16:16

3

La pregunta de los diez millones de dólares

Los hombres y las mujeres frecuentemente hacen bromas de los problemas que enfrentan en las relaciones con el sexo opuesto. *Los hombres son de Marte, Las mujeres son de Venus* se ha convertido en un libro muy popular. Los expertos en relaciones como Gary Smalley nos dicen que entender es realmente la clave para una relación íntima del matrimonio. Cuando se trata de nuestra relación con Dios, algunos podrían preguntarse: "¿Y estamos siquiera en la misma galaxia? ¿Por qué a menudo se siente que Dios está en Marte y que nosotros estamos atrapados a millones de kilómetros de distancia en Venus? ¿Somos realmente capaces de comunicarnos con nuestro Creador de una manera significativa e íntima? Si la intimidad demanda entendimiento, ¿realmente podemos entender a nuestro Padre celestial, o solo lo *conoceremos* como lo haríamos con el conocido ocasional, con el que nos topamos cada dos semanas en el gimnasio? ¿Es incluso *posible* para nosotros como seres mortales y finitos entender el carácter infinito de Dios todopoderoso? ¿Por qué pasar horas leyendo una serie de libros sobre entender a Dios si es imposible *comprender* realmente a nuestro creador?

El filósofo Sir William Hamilton se habría reído sólo de pensarlo. Durante toda su vida, Sir William afirmó audazmente que Dios "no sólo es inconcebible, sino imposible de aceptar"[1] y "Es una blasfemia pensar que Dios es, como nosotros podemos pensar que es".[2] Ahora, quizás no estés totalmente de acuerdo con Sir William; puedes creer que podemos, por lo menos, saber algo de Dios; pero, ¿decir que en realidad podemos *entenderlo*? Vamos, ¡dame la prueba!

En nuestra búsqueda de la respuesta, consideremos una tercera posibilidad, una mucho más feliz que las primeras dos.

Imagina, por un momento, que es el año 2020 y estás sentado en la silla caliente del programa de juegos más grande de la historia de la televisión. Se transmite en casi todo el mundo, en veintidós idiomas y el índice de audiencia se ha disparado hacia el techo. Y en este momento, los ojos de casi un millardo de personas están sobre ti. Es el programa de juegos más rico y más extraño que se haya inventado, porque estás jugando por diez millones de dólares, y tus compañeros de juego hace mucho que murieron.

> ¿PODEMOS, COMO MORTALES, ENTENDER A UN DIOS INFINITO?

Dices: "¡Espere un minuto! ¿Mis compañeros de juego están muertos? ¿Qué clase de programa sucio es este?"

Sentados con los monitores de titanio enfrente de ti están cinco compañeros de juego muertos, pero las súper computadoras los han traído de vuelta a la vida, como hologramas extraordinariamente detallados, pensando, hablando y actuando como lo hacían cuando caminaban en la tierra. (Los personajes, algunos muertos por varios siglos, han sido actualizados en la historia. Sin embargo, a veces hacen corto circuito, tropezándose con la tecnología moderna y la jerga). Su único propósito en este extraño programa de juegos es llevarte a la respuesta correcta, esto es, si se pueden controlar las peculiaridades de sus personalidades combativas.

Hasta aquí te ido bastante bien. La gente del público está de pie, vitoreando frenéticamente, y tú estás saltando de gozo ¡porque acabas de ganarte cinco millones de dólares! ¡Imagina el Ferrari turboalimentado de hidrógeno que podrías comprar con ese dinero!

Tratas de tranquilizarte, respiras profundamente. La audiencia se sienta gradualmente, aunque se quedan sentados en la orilla de sus asientos. El anfitrión del programa, un hombre bien parecido y dominante, con un traje brillante, gira hacia ti. Con una voz enérgica y entusiasta, que te inspira confianza, pregunta.

—¿Estás listo para la siguiente pregunta?

Tú asientes con la cabeza, y comienza el preludio familiar de tambores.

—Por diez millones de dólares, he aquí tu última pregunta.

Con las palmas de las manos que te sudan, miras al monitor:

Pregunta: ¿Podemos, como mortales, entender a un Dios infinito?

Respuestas:

A. Definitivamente no

B. Un poco

C. Completamente

D. No se sabe

Una risa de burla surge de tu tercera compañera de juego, Madalyn Murray O'Hair, la famosa atea que misteriosamente murió en la segunda mitad de los años noventa.

Tú la ignoras, te volteas a tu compañero de juego número uno, y divisas la constitución baja y esbelta del gran Emanuel Kant, el filósofo y astrónomo alemán del siglo dieciocho. Su voz, aunque débil, rebosa de convicción; su español es extraordinariamente bueno.

—Una cosa en sí misma no se puede conocer, salvo lo que nuestras mentes hacen que sea. Debemos creer en Dios, pero nuestro entendimiento es un falso entendimiento basado sobre lo que nuestra mente nos dice.

Mira hacia abajo, a las respuestas de su monitor y aparenta estar pensando profundamente.

—Yo escogería "A", definitivamente no.

Al observar algo de duda en su respuesta, investigas.

—¿Está seguro?

Los ojos de Kant siguen pegados al monitor.

—Existe una remota posibilidad de que fuera "D", nadie sabe. Pero yo me quedaría con "A".

Un poco satisfecho, giras veinte grados hacia tu segundo compañero de juego. Vestido con un dhoti minuciosamente bordado que cubría su cuerpo jorobado está el filósofo indio Siddahrtha Gautama, más comúnmente conocido como Buddha (siglo quinto dC). A primera vista parece estar dormido. Quizás muerto. Pero luego te das cuenta de que sólo está meditando.

—Ah, ¿Sr. Gautama?

Lentamente levanta su cabeza y los hombros hacia tu dirección. Abrumado por que en realidad estás hablando con el famoso Buddha, medio tropiezas con las sílabas.

—¿Cree usted que nosotros los mortales podemos entender a Dios?

Unos cuantos segundos pasan antes de que frunza la frente.

—¿Existen los dioses? pregunta suavemente. Decir que no existen sería una suposición imprudente. Pero decir que un Dios personal existe sería igual de imprudente. El universo funciona por orden natural, no por decreto divino.

MAS ALÁBESE EN ESTO EL QUE SE HUBIERE DE ALABAR: EN ENTENDERME Y CONOCERME.

(JER. 9:24)

Al reflexionar un poco más, añade.

—No puedo saber con certeza absoluta, pero la respuesta más sensata sería la primera, definitivamente no.

De repente, una voz aguda suena muy fuerte.

—Bueno, ¡yo sí lo sé con plena certeza!

Sentada detrás de su monitor como un gallo irritable está Madalyn Murray O'Hair. En una ocasión se le nombró la mujer más odiada de los Estados Unidos. Desilusionada por las historias bíblicas que demuestran la ira de Dios, ella se convirtió al ateísmo cuando era adolescente. Ahora, a su edad del holograma de cincuenta años, no ha cambiado nada.

—¡Esto es obvio! dijo repentinamente.

—¡Cualquiera con unas cuantas neuronas en su corteza cerebral tendría que admitir que la respuesta es "A", definitivamente no! ¿Cómo puedes entender a alguien que ni siquiera existe?"

—¿Está segura? Preguntas sin pensar.

—¡Claro que estoy segura! —responde gritando—. ¿Aparento no estarlo?

Dejas caer la cabeza.

—Le ruego me disculpe, Sra. Murray O'Hair, dices entre dientes:

—Acepto su disculpa.

Levantas la cabeza y divisas las amplias sonrisas en las caras arrugadas de tus dos compañeros de juego restantes. Tu cuarto compañero de juego se ve sorprendentemente activo para alguien que apenas tiene más de 2,600 años. Con una barba blanca y larga, pelo blanco, largo y suelto y una túnica holgada, el anciano profeta Jeremías está relajadamente sentado en su silla. Como respuesta a tu lenguaje corporal, Jeremías sigue tu indicación.

—Cuando yo era niño — exclama frotándose su barba enmarañada — la gente hacía alarde de sus palacios de oro y de los miles de ovejas y ganado que poseían. Ahora hacen alarde de esos carruajes sin caballos y que escupen humo.

—¡Automóviles, tontos!

Jeremías asiente con la cabeza.

—Automóviles. Gracias, Madalyn.

Volteándose hacia a ti, continúa.

—Hacen alarde de sus automóviles, de sus casas frente a la playa y de sus galardones que son unas raras estatuas de oro. Pero Dios dijo: "Mas alábese en esto el que se hubiere de alabar: en entenderme y conocerme" (Jer. 9:24a). No creo que sea "C", completamente, por lo que yo escogería "B", podemos entender a Dios un poco.[3]

NADIE PUEDE ENTENDER TOTALMENTE LOS CAMINOS DE DIOS.

—¿Está seguro? —preguntas otra vez.

—Muy seguro, —responde Jeremías—, porque fue Dios quien me lo dijo".

—¡Sí, claro! —interviene Madalyn.

—¡Póngale una camisa de fuerza a su lengua, Madalyn! —gritó, y se volteó.

—¡No, USTED póngale una camisa de fuerza a SU lengua, pequeño fósil, le responde Madalyn gritando.

El presentador rápidamente presiona un botón rojo de alarma en la consola, y reinicia todos los hologramas y de esta manera restablece rápidamente la paz y la tranquilidad.

Mira hacia arriba, y da un suspiro de alivio.

—¡Gracias a Dios por este botón!

La audiencia se ríe entre tanto que vuelves a enfocarte en tu último compañero de juego.

—Creo que necesito su ayuda con esto, Salomón, dices exhalando profundamente.

El célebre rey Salomón, que nació 350 años antes que Jeremías, definitivamente se mira como el más anciano y más sabio de todos tus compañeros de juego. Cuando Dios le concedió a Salomón un deseo, el joven rey, a los veinte años, pidió sabiduría y entendimiento para guiar a su pueblo. Como resultado, Dios le dio un "corazón sabio y entendido", mejor que cualquiera que hubiera vivido o que viviría. Y porque Salomón no pidió egoístamente riquezas y honor, de todas formas Dios le dio estas cosas, haciéndolo el rey más rico de sus tiempos (1 R. 3:4-15).

Ahora, Salomón está engalanado con una fina túnica púrpura, con cadenas de oro grabadas alrededor de su cuello. Parece estar un poco aburrido, como si no lo estuviéramos haciendo pensar lo suficiente. Cruzó los brazos, se recostó y echó un vistazo con indiferencia.

—Estoy de acuerdo con Madalyn.

La multitud se queda boquiabierta. Tienes una reacción tardía, al igual que Madalyn.

Los ojos de Salomón vagan por el escenario. Parece estar admirando la arquitectura moderna de acero y el complicado sistema de iluminación.

—Estoy de acuerdo con Madalyn, que esta pregunta es obvia.

Jeremías sacó una risilla suave.

Sin embargo, Salomón hizo una pausa corta, sus cejas se juntaron al fruncir el ceño.

—Algunos de mis colegas solían decir que podían entender a Dios completamente. ¡Tontos! Ni siquiera pudieron entender el camino del viento, ¡ya no digamos entender al Dios que creó el viento!

Nadie puede entender completamente los caminos de Dios. ¡Ni siquiera yo! (Ec. 8:16–17; 11:5).

En el escenario hubo un silencio sepulcral. Todos, incluso Madalyn, se quedaron atemorizados con la presencia autoritaria y sabiduría de Salomón. Tú te retuerces en tu silla, y te vuelves a tropezar con tus próximas palabras.

—Ah, Rey Salomón. ¿Qué respuesta entonces escogería usted?

Levanta la cabeza para verte.

—"B", podemos entender un poco a Dios, tanto como lo permitan nuestras mentes finitas, respondió.

Ni siquiera te molestas en preguntar si está seguro y miras al presentador.

—Puede irse ahora con cinco millones de dólares, o puede arriesgarlo todo por la oportunidad de diez millones. ¿Cuál es su decisión? observa.

Algo en tu interior te incita.

—Escojo la "B", podemos entender a Dios un poco, se te escapa.

Madalyn, Siddhartha y Emanuel ponen los ojos en blanco. Jeremías y el Rey Salomón asienten con la cabeza, en señal de aprobación.

Con una mirada inquisidora, el presentador pregunta.

—¿Es esa su respuesta final?

—Esa es mi respuesta final.

—Por diez millones de dólares, ¿es la respuesta "B"?

El siguiente segundo parece una eternidad.

PARA ENTENDER A DIOS, DEBEMOS EMPRENDER LA BÚSQUEDA DEL TESORO MÁS GRANDE DEL MUNDO.

De repente, el monitor comienza a destellar y el presentador del programa de juego grita: "¡ACABA DE GANAR DIEZ MILLONES DE DÓLARES!"

Tú saltas gritando a medida que cientos de globos y serpentinas caen del techo. ¡La audiencia enloquece! ¡El ruido es ensordecedor!¡Y los globos siguen cayendo! Con las cámaras de televisión que se te acercan desde todas las direcciones, y con un cheque enorme en tu mano, ¡no puedes evitar gritar y dar alaridos de alegría! Has trabajado toda tu vida por sesenta mil al año. ¡Ahora has ganado diez millones en una hora! Y lo mejor de todo, no tienes que compartirlo con tus compañeros de juego—¡porque todos están muertos!

Abrazas al presentador, al productor, a los camarógrafos, y a una ancianita con un vestido de puntos rojos que saltó a la seguridad.

Finalmente, es hora de que salgas del escenario con tu cheque de diez millones de dólares. A medida que caminas, Salomón se inclina, susurrando suavemente algo en tu oído.

—Búscala como un tesoro escondido (Pr. 2:4).

Frunces el ceño y piensas: *Ya tengo el tesoro. ¿De qué está hablando?*

La seguridad te saca a la fuerza, y Salomón grita.

—No importa lo que hagas, ¡no te des por vencido buscándola!

EL TESORO DIVINO SUPERA MUCHO A NUESTRO MÁS PROFUNDO ANHELO.

—¿Buscando qué? —respondes gritando. Pero Salomón no te responde.

En un intento desesperado por descubrir la verdad, te separas de la seguridad y vuelves rápidamente, sin aliento.

—¿Que no me rinda buscando qué?

Salomón señala la consola con sus ojos. Allí, en la orilla de la esquina hay un disco compacto.

—Necesitarás esto —susurra.

—¿Para qué?

Pero antes de que él pueda emitir otro sonido, la imagen de Salomón comienza a desvanecerse y después desaparece repentinamente con los demás hologramas. Con la seguridad que te jala de un brazo, extiendes el otro, agarras el disco y lo escondes en tu bolsillo.

La escolta de seguridad te acompaña todo el camino hacia tu limosina. La puerta se abre automáticamente, permitiéndote entrar al interior lujoso, con asientos de cuero.

Solitario en la parte de atrás, casi no puedes creer lo que sucedió. ¡Acabas de ganar diez millones de dólares! La limosina quizás iba al límite de velocidad, pero tu mente está avanzando a cien kilómetros por hora, pensando en todas las maneras en que puedes gastar el dinero.

Entonces te acuerdas del disco compacto. Divisas un lector de discos compactos junto a una botella de champagne, sacas el disco de tu bolsillo y lo metes en la ranura. Te arrellanas en el lujoso asiento, y miras al lector, no muy seguro de qué esperar.

De repente, una voz profunda capta tu oído. Sacudes la cabeza y descubres unas bocinas en miniatura que están en el reposacabezas, de donde sale la voz encantadora de Salomón.

> Celebra ahora, pero saborea algo,
> No será necesario que traigas lo que has ganado,
> Porque puede venderse, perderse, negociarse, pero no comprarse.
> Aunque muchos hayan luchado, no pueden tomarlo,
> Así que cambia esa máscara por comprensión genuina,
> Limpia las telarañas, deshazte del aura y de las alas.
> Porque sólo hay un mapa hacia el tesoro buscado.
> Elije el mapa equivocado, amigo, y sufre mucho .

En el último capítulo de cada libro de esta serie aclararemos la porción pertinente de las Claves de Salomón para una comprensión práctica y vital para entender a Dios. Estas son claves ficticias basadas en verdades bíblicas. Pero estas no son las únicas claves que Salomón proporciona. ¡Cuenta con muchas más por venir!

Estas claves nos ayudarán a entender de mejor manera los cinco niveles de intimidad que son posibles con nuestro Padre celestial. Quizás nunca antes has escuchado de estos cinco niveles en este contexto, pero te harán sentido. Si te encuentras atascado en el primer par de escalones, descubrir tu propio nivel te ayudará a subir en la escalera de intimidad. También te dará toda una nueva apreciación de lo que significa ser genuinamente "íntimo" con Dios. Esta no es sólo una serie de libros para tratar de averiguar, de manera curiosa, lo que sucede en la mente de Dios; este es un viaje transformador, que hace latir el corazón, hacia la intimidad con el Divino.

Aunque es emocionante soñar con eso, las posibilidades de que realmente te ganes diez millones de dólares en un programa televisivo son casi nulas. Pero imaginemos, por un momento, que Dios te visitó una noche. Y como lo hizo con Salomón, te dio un deseo, cualquier cosa que quieras, pídela, y será tuya. Si tuvieras sólo un deseo, ¿cuál sería? ¿Desearías diez millones de dólares? ¿Desearías una vida larga y saludable, llena de todos los placeres deliciosos que tu mente pudiera imaginar? O como Salomón, ¿harías a un lado todas estas riquezas fugaces y en lugar de eso pedirías un corazón sabio y comprensivo?

ENTENDER A DIOS, PARA EL CREYENTE DEDICADO Y FIEL, ES UN VIAJE DE TODOS LOS DÍAS, HORA TRAS HORA, QUE INVOLUCRA LA MENTE, EL CORAZÓN Y EL ALMA.

¿Cuál sería tu deseo?

El susurro suave de Salomón: "búscala como un tesoro", debería dirigir nuestro enfoque (Pr. 2:4). Y esta es precisamente la dirección, o búsqueda, que emprenderemos en las páginas de este libro y los que vendrán. La intimidad genuina con Dios es posible solamente si primero *entendemos a Dios* en el contexto de una correcta relación con su Hijo, Jesucristo. Para entender a Dios, debemos emprender la búsqueda del tesoro más grande del mundo. De muchas maneras, es como cualquier otra búsqueda: Necesitaremos un mapa fiel, algunas herramientas y provisiones indispensables, algunas claves, y por supuesto, mucha determinación, valor y sabiduría para detectar los caminos genuinos, evadir las trampas, y vencer los obstáculos.

Por otro lado, sin embargo, esta gran búsqueda del tesoro es como ninguna otra. El tesoro divino supera mucho a nuestro anhelo más profundo: Hay más que suficiente para cada creyente; los premios espirituales superan mucho a nuestras expectativas más altas; y lo mejor de todo es que ¡podemos disfrutar de estas riquezas maravillosas por toda la eternidad!

Quizás te preguntes si esta es una búsqueda del tipo de olla de oro al final del arco iris. Afortunadamente para nosotros, no lo es. Como aprendimos de Salomón y Jeremías en la ilustración anterior, podemos entender un poco a Dios, tanto como nuestras mentes finitas lo permitan. Por otro lado, uno nunca puede obtener esa "olla de oro" mítica y difícil de localizar de la que todos hablan.

Además, "entender a Dios un poco" obviamente no es un artículo de "todo o nada" que posees o no. No es una aventura ambiciosa de Indiana Jones, donde caminas hacia una jungla exótica, tomas tu tesoro misterioso, y luego vuelves a casa como el diablo para disfrutar de tu premio. Entender a Dios, para el creyente dedicado y fiel, es un viaje de día a día, hora tras hora, que involucra la mente el corazón y el alma y que produce tesoros valiosos e insondables... a veces a cada minuto... a veces cuando el santo menos lo espera.

Ten la seguridad de que esta no es una búsqueda de tesoro común.

Me gustaría terminar este capítulo con las palabras de Salomón, el rey sabio que tuvo todo el oro, la plata, el marfil, los caballos y la fama que cualquiera pudiera desear.

> Mejor es adquirir sabiduría que oro preciado;
> Y adquirir inteligencia vale más que la plata.
> Bienaventurado el hombre que halla la sabiduría,
> Y que obtiene la inteligencia;
> Porque su ganancia es mejor que la ganancia de la plata,
> Y sus frutos más que el loro fino.
> Más preciosa es que las piedras preciosas,
> Y todo lo que puedes desear, no se puede comparar a ella.
> —Proverbios 16:16; 3:13–15

Querido Dios:
Te amo más que a cualquiera que no conozco.[1]

—WALT (10 AÑOS)

4

HIPOPÓTAMOS, JARABE Y SANTA CLAUS

Una gran barba blanca, nariz, ojos y un sombrero, agregó pensando mucho, ¡un sombrero blanco! Era una de esas pláticas del tío al sobrino sobre Dios que casi nunca ocurren en la vida de uno. Columpiándose en una silla de mimbre colgante de la sala de estar de mis padres estaba Josh, mi lindo sobrino de cuatro años, que hablaba mal y rápido. Con su metro y diez centímetros de altura, Josh definitivamente estaba al control, y él lo sabía.[2]

—¿Y el sombrero tiene escrito algo encima? —pregunté.

—No —fue su rápida respuesta.

Como quería meterme más en su mente infantil, presioné.

—¿Y cómo es el sombrero Dios?

—Se parece al sombrero de Santa Claus.

—¿De veras? ¿Y dónde vive Dios?

—En el cielo.

—¿Y sabes dónde queda eso?

Le quitó la vista a su mono de peluche y me miró.

—No. ¿Y tú?

No podía engañar a este genio diminuto.

—No, no creo que alguien lo sepa con seguridad.

—Tal vez la abuelita lo sepa —dijo elevando la voz.

Como estaba perdiendo credibilidad rápidamente, continué.

—¿Y qué hace Dios todo el día?

—Él vive en una casa y la gente va a visitarlo.

—Él los sana —dijo pensando un poco más.

Él los sana; esto era algo esencial que yo necesitaba tomar a pecho en mi carrera médica.

—¿Y qué hace Dios? —pregunté.

—Él me hizo, y [señalando al estéreo] a los altavoces [miró para arriba], al techo, [miró la ventana] y a los árboles.

Podía decir que su pequeña mente todavía estaba dando vueltas, por lo que le pregunté.

—¿Qué más hizo Dios?

—Hizo los perros... los hipopótamos... las mofetas... los venados... los alces... —rompiéndose el cerebro por unos cuantos segundos más, no pudo dar más respuestas—. Pues, eso es todo.

—¿Y come Dios? —pregunté, pensando que era una pregunta razonable, y considerando que él acababa de desayunar.

—Sip. Dios come jarabe de arce... panqueques... pan... y para el almuerzo come sopa y... pan —estirando su pequeña mente al límite, otra vez no sabía qué decir—. Pues, eso es todo.

Entonces, antes de poder emitir la primera sílaba de mi próxima pregunta, Josh agarró su mono de peluche, y saltó de la silla columpio.

—Hablaremos mañana otra vez, Tío Bradley, ¿te parece? —dijo tan sincero como lo puede ser un niño de cuatro años. Y con eso salió corriendo de la sala de estar.

Hipopótamos, jarabe y Sant Claus, ¿qué esperaba al hacerle preguntas de Dios a un niño de cuatro años? Hazle preguntas difíciles a un niño de cuatro años, ¡y estás destinado a recibir algunas respuestas poderosas interesantes! Mi conversación con Josh esa mañana de abril será algo memorable, no sólo por las respuestas divertidas y por el tiempo especial que nos unió como tío y sobrino sino también por la comprensión valiosa que pude deducir.

Confundido, quizás te preguntes: "¿Qué cantidad de comprensión es posible obtener de un niño de cuatro años que tiene un mono en sus brazos?" Cuando llegues al final de este libro lo sabrás. Y quizás te sorprendas por la manera en que se relaciona contigo.

Pero si supuse que había deducido toda la sabiduría que un niño tenía que ofrecer, estaba completamente equivocado. Un mes después, me encontré conversando rodilla con rodilla con los teólogos más grandes del futuro, una clase de escuela dominical de niños de siete y ocho años. *Seguramente, si alguien pudiera responder las preguntas difíciles, pensé, tendría que ser esta tripulación inteligente.*[3]

—¿Quién es Dios? —pregunté sin rodeos. Sentada a mi izquierda, en la orilla de su silla, estaba Nicole, de ojos radiantes, la estudiosa. No perdió nada de tiempo para compartir su riqueza de conocimiento.

—¡Él es grande!

—¡Grande! ¡Más grande que esta iglesia! —Dijo Amber repentinamente, olvidándose de su timidez

— ¡Más grande que todo el mundo!

Inquieto, pero aparentemente enfocado en su camión Tonka, estaba Ira, un pequeño increíblemente inteligente y con suficiente energía para darle a una planta nuclear.

—¡Dios es un tipo perfecto! —dijo repentinamente (una respuesta sincera para las mujeres que se han preguntado si existe un tipo así).

Como esperaba que Ryan, Caleb y Brooke se unieran a la discusión, volví a preguntar.

—¿Alguien más sabe quién es Dios?

Era obvio que Ryan y Caleb, que estaban agachados en la cabeza de la mesa, eran los tranquilos—no se veían muy cómodos con toda la escena. A mi derecha estaba Brooke, tímida, pero atenta a todo lo que estaba sucediendo, y se reía de vez en cuando.

—¿Y cómo es Dios? —pregunté.

Nicole volvió a entrar en la conversación.

—No puedes verlo.

—nadie puede verlo —agregó Ira, poniéndose al lado de su erudito colega.

—¿Y duerme Dios?

—Sí —respondió Nicole oportunamente.

—¿Cuándo duerme?

—Cada séptimo día —comentó, pensándolo un poco.

(Cada séptimo día. Mmm... me hizo recordar mis prácticas en cirugía).

—¿Y come Dios algo?

—¡NOOOOO! —repitieron Ira y Nicole en el momento justo.

Está bien.

Como era el Día de la Madre, pensé lanzarles una pregunta que se relacionara.

—¿Es Dios mujer?

—¡NOOOOO! ¡Es hombre! —todos repicaron, riéndose.

—Lo siento —(Qué tonto de mi parte hacer esas preguntas absurdas). Como no quería insultar más su inteligencia, profundicé en las preguntas sustanciosas.

¿TIENE UNA IMAGEN DE DIOS EN SU MENTE?

—¿Qué quiere Dios que hagamos aquí en la tierra?

Ira saltó con el reto.

—Dios quiere que le enseñemos a la gente a creer en él más que en el diablo.

—¿Podemos saber todo de Dios? —pregunté.

—No —replicó Ira.

—Nadie puede —admitió Nicole.

—Bueno, ¿cómo podemos aprender de Dios?

Ira se animó. —Leyendo la Biblia y asistiendo a la escuela dominical.

—Buena respuesta, Ira. ¿Pero todos creen en Dios?

—Síp —respondió Amber.

Pero Ira obviamente no estaba de acuerdo.

—No todos creen —insistió—. Satanás no cree, ni la gente mala, Judas... los fariseos... y los romanos.

Los romanos; imágenes de la magnífica arquitectura romana saltó a la mente. Entonces pregunté.

—¿Y Dios quiere que seamos ricos?

—Dios quiere que le demos al pobre si somos ricos —explicó Ira.

Al recibir más respuestas de las que había pedido, continué.

—Sabes algo, Nicole, quizás haya otra niña que se llama Nicole en Inglaterra, al otro lado del océano. ¿Crees que Dios puede escuchar las oraciones de ustedes dos, al mismo tiempo?

Arrugó la nariz.

—Se pone algo confuso para Dios tratar de escuchar a dos personas a la vez.

(He estado en cama preguntándome lo mismo).

Con sólo unas cuantas preguntas restantes, saqué una difícil.

—¿Es Jesús Dios?

—No —dio Ira, con reservas.

—¿Quién era, entonces?

—Un tipo que hacía milagros.

No quería iniciar un debate teológico sobre la Trinidad, pero pensé que aclararía un poco el asunto.

—La Biblia nos dice que Jesús era el Hijo de Dios, pero ese Jesús y Dios son lo mismo. Muchos adultos no entienden eso.

—Y los niños tampoco —dijo Amber con la voz elevada.

A medida que el final de la sesión se acercaba, lancé mi pregunta final.

—¿Por qué hizo Dios el arco iris?

—¡Para poner una olla de oro al final! —dijo Ira riéndose porque no pudo evitarlo.

Cinco teólogos pequeños, un médico, y una discusión sincera sobre Dios. Es una experiencia humilladora cuando te das cuenta de cuánto realmente conocen estos pequeños de su Creador. Hasta su maestro de escuela dominical, que estuvo parado a un lado, estaba sorprendido por sus respuestas perspicaces.

Pero pensé internamente: *¿Por qué detenerse aquí? Veamos qué conocimiento puede salir de la generación más experta.*[4]

Por lo que hice un pequeño viaje a la biblioteca local para preguntarle al bibliotecario, amable y tranquila, que trabaja allí: "¿Quién es Dios?" Le había dejado una semana para que meditara sus respuestas a las tres preguntas difíciles que le había hecho:

- ¿Quién es Dios?
- ¿Cómo es Dios?
- Si tuviera la oportunidad de hacerle sólo una pregunta a Dios, ¿cuál sería?

—Dios es más grande, más poderoso, lo ve todo —dijo, haciendo su mejor esfuerzo para definir al infinito.

—Una presencia enorme, mucho más grande que Satanás.

—¿Tiene una imagen de Dios en su mente?

—La verdad es que no —respondió—. Supongo que si alguna vez pensé en él con alguna forma, sería con un contorno humano.

—¿Cree que tiene cuerpo?

Ella sonrió y sacudió la cabeza.

—Él es demasiado grande para todo eso.

Cuando la siguiente pregunta rodó, ella admitió que había hecho su propia encuesta esa semana.

—Le pregunté eso a otras personas —confesó—. La mayoría le preguntaría a Dios: "¿Estoy en el camino correcto? ¿Estoy haciendo bien las cosas?"

Parecía tener problemas con su propia respuesta por lo que traté de ayudarla.

—¿Es esa una pregunta que usted haría?

Sonrió de nuevo.

—Me gusta aquella —respondió.

Le agradecí, revisé la sección religiosa, busqué algún libro nuevo, y volví a casa.

ÉL TIENE UN PROPÓSITO PARA TODOS NOSOTROS. TODAVÍA NO HE COMPRENDIDO CUÁL ES EL MÍO

Unos días después, me metí al auto y logré ir a la caótica Calle Principal, esquivé peatones, bicicletas y perros desatados, y llegué a un negocio que le pertenecía a una familia. También le había dado a un hombre de negocios—un tipo jovial de mediana edad—unos cuantos días para dejar que sus respuestas se filtraran.

—Dios es el Creador —comenzó—. Creó todo. Yo diría que Dios es el Altísimo. No hay nadie por encima de Él.

—¿Cómo cree usted que es Dios?

Se rió por unos segundos, antes de inclinarse en su escritorio sólido de madera.

—Dios dijo hagamos al hombre a nuestra imagen. Por lo que creo que él es como usted y yo. Tiene dos brazos, dos piernas, una cabeza, pies y manos. Eso es lo que significa una imagen—un reflejo de, ¿no es cierto?

Yo estaba un poco confuso.

—¿Cree que Dios tiene un cuerpo real o un cuerpo espiritual?

—Un cuerpo espiritual —respondió—. Pero tiene forma humana.

Un poco más satisfecho procedí.

—¿Y qué pregunta le haría a Dios?

Reflexionó por un momento, y finalmente se decidió por una respuesta.

—¿Cuál es su plan para mi vida? ¿Qué es lo que quiere que haga por él? Él tiene un propósito para todos nosotros.

Entonces se rió otra vez.

—Todavía no he comprendido cuál es el mío —agregó.

Le agradecí con un apretón de manos y le prometí mantenerme en contacto.

Todavía necesitaba más respuestas en mi aljaba, por lo que elegí al azar una tienda de renta de videos y DVD. Al entrar vi a una mujer, probablemente tenía como cuarenta años, era recatada y trabajaba en la caja registradora. Después de explicarle mi propósito y la tríada de preguntas, no aceptó y confesó que no tenía "nada que ofrecer".

APENAS EL 46 POR CIENTO DE LA POBLACIÓN DEL MUNDO INDUSTRIAL A MENUDO REFLEXIONA EN "EL SIGNIFICADO Y PROPÓSITO DE LA VIDA".

Estuvo bien. Yo sabía que las preguntas no eran fáciles, y nunca fue mi intención obligar a nadie a responderlas. (¡En ese momento también supe por qué no había escogido la carrera de agente vendedor!)

Después de unos días y de pensar en mi siguiente movida, decidí llamar por teléfono a mi amigo Dave,[5] un franco y perspicaz cirujano con quien me entrené hace algunos años. Como nunca le había hecho a Dave estas preguntas intelectualmente estimulantes, no tenía idea de qué esperar.

Hablamos por un rato antes de que la pregunta "¿Quién es Dios?" rodara. Le había ofrecido unos días a Dave para que pensara sus respuestas, pero él estaba más que dispuesto a dar su opinión en ese momento. —Dios es en lo que cree la gente que tiene necesidades en su alma para sentirse más cómoda en la vida... una parte de tu personalidad que no está completa. La gente va a la iglesia porque cree que Dios está allí. Si yo creyera en Dios, no me tragaría eso de la religión organizada.

Me quedé un poco desconcertado, pero al mismo tiempo, tuve un buen sentido de dónde venía Dave.

Discutimos el asunto un poco más, antes de hacerle otra pregunta.

—¿Cómo piensas que es Dios?

Hubo una breve pausa en la línea.

—Si existe algo así [como Dios] es una fuerza de la naturaleza... algo como la gravedad. No una persona.

Al desenterrar algunos de los recuerdos bastante incómodos de Dave, descubrí que había crecido en un par de iglesias protestantes distintas, y que finalmente le había dicho adiós a la iglesia a la edad de quince años.

—Si Dios existe, Dave, y pudieras hacerle una pregunta, ¿cuál sería?

Esta vez la pausa se alargó. —Si hubiera Dios —respondió—, le preguntaría: "¿Por qué no tengo fe?"

¿Por qué no tengo fe? Una pregunta perfectamente razonable, considerando que Dave había pasado más de una década en la iglesia. Después de agradecerle sinceramente, colgué el teléfono con tristeza, y me pregunté de qué manera la iglesia pudo haber desanimado a mi amigo en su búsqueda de Dios.

CÓMO UNIR NUESTROS MOSAICOS BUENOS

Hasta aquí, en mi búsqueda audaz de conocimiento de Dios, había indagado acerca del conocimiento de un niño de cuatro años, del de algunos niños de siete y ocho años y del de tres adultos. Me pareció intrigante que la mayoría de los adultos entrevistados le preguntarían a Dios: "¿Estoy en el camino?" Aun así, esto no debería sorprenderme, considerando que apenas el cuarenta y seis por ciento de la población del mundo industrial a menudo piensa en el "significado y propósito de la vida".[6]

Pero, ¿debería detenerme aquí? Pensé: ¿Por qué no echar un vistazo a los tres milenios pasados, a lo que algunos de los grandes líderes, escritores y celebridades dijeron de Dios?

EL REFLEXIVO:

Dios es un mar de substancia infinita.[7]

—San Juan Damasceno
Teólogo griego y escritor de himnos (675–749)

El mundo está cargado de la grandeza de Dios.

—Gerard Manely Hopkins
Poeta y artista inglés (1844–1889)

EL DIVERTIDO:

Todos son artistas. Todos son Dios. El problema es que están cohibidos.[8]

—Yoko Ono
Artista y música en los Estados Unidos (1933–)

Dios siempre ayuda a los locos, a los amantes y a los borrachos.

—Margarita de Navarra
Poeta y autora francesa (1492–1549)

EL CONFUNDIDO:

Dios es la sorpresa del universo, no su respuesta.[9]

—Dr. David Jenkins
Obispo de Durham (1925–)

Dios es Hombre y existe en nosotros y nosotros en él.

—William Blake
Poeta y artista inglés (1757–1827)

EL ESTRAFALARIO:
Dios no sólo está muerto; solamente intenta encontrar un plomero los fines de semana.

—San Juan Damasceno
Teólogo griego y escritor de himnos (675–749)

Quien inventó a Dios era alguien sabio.

—Platón
(c. 427–348 BC)

PARA LA MAYORÍA DE BUDISTAS, NO HAY DEIDAD QUE LOS DIRIJA POR EL CAMINO DE LA VIDA, SÓLO SU "ILUMINACIÓN" QUE SE CONSIGUE POR MEDIO DE MEDITACIÓN DISCIPLINADA Y VIAJES INTERNOS EXPERIMENTALES.

Platón es aburrido.[10]

—Friedrich Nietzsche
Filósofo alemán (1844–1900)

De repente, ¡todas las respuestas de los niños suenan muy bien!

Es más fácil predecir el tiempo que predecir lo que alguien dirá de Dios. Podrías decir que la gente saca su conocimiento de Dios de una diversidad de fuentes para reconstruir sus creencias personales, o "mosaicos de Dios". Entre los recursos populares están la Biblia, la iglesia, la televisión, las películas, los libros, los medios de comunicación escrita, la radio, la Internet y los amigos, junto con otro gran recurso que examinaremos después. Así como dos personas no tienen las mismas huellas digitales, de igual manera, no hay dos personas que tengan exactamente el mismo mosaico de Dios, o entendimiento de Dios. No importa cuántas piezas se alineen de igual manera, siempre habrá una configuración levemente distinta para el mosaico de cada persona. Consecuentemente, cuando escogemos lugares de adoración, de manera intuitiva buscamos iglesias, templos o sinagogas donde otros posean un mosaico de Dios similar.

En la actual feria de fe que es gratis para todos, retar a la gente a que defienda su fe ha llegado a ser políticamente incorrecto, muchos dirían que es acercarse con rudeza descarada. Pero imaginemos a alguien te acorrala cierto día, y te reta a defender tu entendimiento de Dios. ¿Podrías hacerlo? ¿Podrías presentar un caso sólido de lo que crees de Dios y por qué? ¿O te escurrirías con vergüenza y el comentario: "Todos tenemos derecho a nuestra propia opinión"?

Pregúntale amablemente a alguien en la calle: "¿Quién es Dios?" Y él o ella podría responderte preguntando: "¿Y quién es usted?" Pero es posible que recibas repuestas sinceras y francas, similares a las que yo recibí en mis entrevistas, es decir, depende de dónde esté ubicada tu calle. Pensar que todos quieren al mismo Dios, o "inteligencia" sin nombre, hasta en Europa o Norteamérica, es ser ignorante e ingenuo.

Tal vez es hora de que miremos más de cerca cómo otras religiones ven a Dios.

EL "DIOS" DE AL LADO

Ve por una caminata por la lujosa franja de Ginza (la respuesta de Japón a la Quinta Avenida de Nueva York), y te encontrarás en el cielo de las compras, codeándote con la élite de los ricos y desando que tus tarjetas de crédito no tuvieran límite. Supongamos que detenemos a un hombre de negocios que está maravillosamente vestido y le preguntamos (en nuestro mejor japonés): "¿Quién es Dios?" Es posible que dijera que practica el Budismo Nichiren Soshu, una de las muchas formas del budismo que está regado por todo el mundo. Pacientemente te diría que este "Dios" no existe; explicaría que todos los días reverentemente se arrodilla ante su *gohonzon*, una caja negra de madera que tiene el rollo del Lotus Sutra, de donde él recita pasajes sagrados. El gohonzon, te diría, tiene "fuerzas universales" que guiarán su vida.[11]

Pero no todos los 350 millones que se estima que son budistas en todo el mundo tienen el mismo gohonzon, o las mismas convicciones. Suplícale a una mujer de negocios en la misma calle, o a una empresaria aproximadamente a 8,000 kilómetros en la Calle Rodeo de Beverly Hills, y podría revelar que ese dogma budista es para los perros. Como miembro de una nueva generación de budistas, podría decir: "Algo tan sencillo como hacer panqueques, conocer a alguien, o hablar por teléfono puede aumentar la espiritualidad de uno".[12] Todas esas oraciones prolijas y cánticos esclavizantes no son necesarios para un crecimiento verdadero.[13]

O presiona a un monje budista en Tailandia, y podría declarar la existencia de Dios, entre tanto que admite sus supersticiones culturales: "Creo que hay espíritus".[14] O cuestiona a un budista de la "Nueva Era" en Japón, y podría decir: "Toda la gente se convierte en Budha después de la muerte, "Dios" existe en todos".[15] O siéntate y platica por un momento con uno de los más de un millón de norteamericanos que practican el budismo (también muchos de los que practican el catolicismo o el judaísmo), y podrías escuchar que la reencarnación se detiene cuando dejas de crear "mal karma" o que "la única forma de acabar con el sufrimiento es olvidar a [al imaginado] Dios y ser autosuficiente".[16] Richard Gere, un actor ganador de premios dijo una vez: "Sé que la fuente de toda la energía del universo es el dios Buda y la cara de la fuente es la cara del amor".[17]

LO QUE VINCULA A TODOS LOS HINDÚES ES LA CREENCIA COMPARTIDA DE QUE CADA PERSONA, A LA LARGA, ES RESPONSABLE DE SU PROPIO DESTINO.

Fundada en la India alrededor del 525 aC, el budismo es una religión mundial que se centra en las enseñanzas de Buda (Siddhartha Gautama). Con muchos derivados, que incluyen el budismo Theravada, Mahayana y Zen, no parece haber ningún consenso entre los budistas en cuanto a quién, o a qué, le están orando. (Buda estrictamente prohibió a sus seguidores a que le oraran a él, de todos modos, algunos lo hacen). Para la mayoría de los budistas, no hay deidad que los dirija por el camino de la vida, sólo su "iluminación" que se consigue por medio de la meditación disciplinada y viajes internos experimentales.

En contraste con el budismo, el hinduismo (con la excepción del movimiento Hare Krishna) no tiene fundador particular, y la mayoría de los seguidores adoran a innumerables dioses.

Imagina que estás en una excursión por las laderas del sur de los Himalaya, disfrutando vistas espectaculares de las sierras cubiertas de nieve arriba y el río profundo que devora allá abajo. De repente, te encuentras cara a cara con una mujer sonriente y vigorosa, una pastora indoaria, su rodilla llega a la nariz de su rebaño de ovejas. Al entablar una conversación con la alegre dama, descubres que es hindú

—Quién es Dios? —amablemente le preguntas.

Probablemente sonreiría y señalaría:

—¿Ve esas montañas? Brahma, el Creador Santo, hizo todas las montañas. Él lo creó todo.

—¿Entonces Brahma es Dios? —preguntas.

—Sí, también Vishnu, la Conservadora y Shiva, la Desctructora. Pero mi hermano, un asesor de computadoras en Washington, cree que Shiva también crea y conserva.[18]

—¿Entonces tienes más que un dios, pero no lo llamas "Dios"? —preguntas un poco confundido.

—No, tenemos un Dios y Creador, Brahman.

(*Brahman* no debe confundirse con *Brahma*).

—Pensé que dijiste que *Brahma* era el creador y ¿que tenías otros dioses?

Toma un palo y dibuja un triángulo en la tierra oscura.

—Brahman es el Dios eterno, impersonal, tres en uno. Él es el triángulo, y todo lo que está adentro. Cada punta del triángulo representa a un dios personal importante que está dentro de él: Brahma, Vishnu y Shiva.

—¿Entonces tienes un dios y tres dioses más pequeños adentro de él?

Ella pone su palo en el centro del triángulo.

—Adentro del triángulo hay otros incontables dioses y diosas, algunos de los cuales también adoro en el santuario en mi casa. Todos estos dioses y diosas y todas las formas de vida, incluyendo el alma, son parte de Brahman, el Divino.

Después de tomar té alrededor de una pequeña fogata y de compartir una comida sabrosa de trigo negro y caña de azúcar, le das un apretón de manos y gentilmente le agradeces a la mujer. Luego sigues en tu excursión, sabiendo un poco más del hinduismo y de los más de 760 millones de personas que lo practican en la tierra.

El hinduismo, una de las religiones más antiguas, también es una de las más diversas en creencias y prácticas. Algunos hindúes pueden adorar a uno o más dioses o diosas, ya sean teístas o monistas, o tienen una relación impersonal con el (los) dios(es) a los que se inclinan. Pero lo que vincula a todos los hindúes es la creencia compartida de que cada persona es, a la larga, responsable de su propio destino. Igualmente vinculante es la creencia de que la representación de Dios de cada religión va mayormente de acuerdo con el carácter genuino del (los) dios(es) hindúes.[19] Por supuesto, lo contrario no es cierto: Entre tanto que la gente de la mayoría de las demás religiones consume millones de hamburguesas cada día, un hindú protestaría contra esto firmemente: "La vaca es un Dios encarnado".

Con más de millón y medio de hindúes que viven en los Estados Unidos, el impulso de "mantener identidad étnica" ha ocasionado la construcción apresurada de templos hindúes en cientos de comunidades diversas por todos los Estados Unidos.[20] Pero este crecimiento impresionante todavía palidece en comparación con lo que sucede con la comunidad musulmana de los Estados Unidos.

"La comunidad hindú no se acerca a los musulmanes en su buena organización", reporta Diana Eck, una experta en hinduismo y directora del Proyecto de Pluralismo de la Universidad de Harvard.[21]

Los musulmanes, que suman más de seis millones en los Estados Unidos, han sobrepasado a la población de judíos, haciendo del islam la segunda religión más grande de los Estados Unidos.

Imagina esta vez que eres un asistente administrativo, que se mueve del vigésimo quinto piso al vigésimo sexto de un gran rascacielos. Un día la sed te seca la garganta y vas a una cocina que casi no se usa para prepararte una taza de café... y te encuentras con tu compañero de trabajo y amigo Carl, de unos treinta años de edad, parado, descalzo en el piso cerámico, estilando agua en la cara, manos y pies.

Tienes una reacción tardía antes de caminar hacia la cafetera.

—¿Qué te pasa, Carl? ¿Cortaron el agua en tu apartamento?

—No —se ríe, tomando más toallas de papel para limpiarse los pies—. Hago esto cinco veces al día.

Te sonríes con él.

—Yo sé que eres un fanático de la limpieza y todo eso, pero—

—Es para orar.

—¿Qué es para orar?

—Cinco veces al día me lavo para limpiar mi mente. Luego veo hacia la Meca y le oro a Alá.

—¿Alá? —no puedes creer lo que oyes—. El mes pasado te vi en la iglesia—

Carl te interrumpe de manera abrupta.

—Renuncié a la iglesia. No estaba haciendo nada por mí

—¿sabes a lo que me refiero? Ahora asisto a la mezquita, y me siento más conectado, más espiritual.

—¿Cómo puedes renunciar a la iglesia y dejar a Dios de esa manera?

Perturbado, Carl se voltea hacia ti. —¡Yo no dejé a Dios!

—Bueno, ahora tú le oras a Alá—

—Alá es el nombre de Dios en árabe —replicó—. Todos los humanos creyentes son musulmanes en sus corazones. "Siempre y cuando no rechaces la idea de un Ser Supremo, eres musulmán". (Una idea expresada por el pensador sirio musulmán Mohammed Shahrur).[22]

Caminas tranquilamente hacia el fregadero. —¡Yo no soy musulmán!

—Lo eres de corazón, ya sea que lo admitas o no.

Ahora tú eres el que se pone más perturbado.

—¡Yo adoro al Dios de la Biblia!

—¡Yo también! —exclama Carl—. Alá es todopoderoso, lo sabe todo, es misericordioso y es el juez soberano del universo. Creo algo de la Biblia, pero ahora me dirijo por el Corán, que Alá le reveló a su profeta más grande, Maoma.

No estás seguro de qué pensar en este momento. Carl termina de atarse su última correa del zapato y se levanta.

—Oye, no quise ofenderte ni nada de eso.

—No —volviendo al fregadero, te frotas las manos bajo el agua—.

No estoy ofendido.

—¡Te veo después!

Y con eso Carl se voltea y se va de la cocina.

Escoge cien personas de nuestro planeta al azar, y veinte de ellas serán musulmanas. Más de 1.2 millardos de musulmanes están esparciendo el islam de manera agresiva, haciendo que sea la religión que crece más rápidamente en el mundo. Y aunque Alá podría parecer sólo una copia al carbón del Dios cristiano, deberían señalarse muchas diferencias marcadas e importantes.

LO QUE UN MUSULMÁN CREE	LO QUE UN CRISTIANO CREE
Alá es uno en esencia	Dios el Padre, Dios el Hijo y Dios el Espíritu Santo constituyen la Trinidad.
Asignarle el nombre de "Padre" a Alá es blasfemo	A Dios le place que se le llame "Padre"
Alá es muy supremo y está muy por encima de la humanidad como para conocerlo personalmente.	Dios nos invita a tener una relación personal e íntima con él.
Alá no ama a los pecadores.	Dios ama a los pecadores
Alá no ofrece un Salvador	Dios ofrece a Jesucristo como Salvador para todos.
El Corán llama a los musulmanes a esparcir el islam y a convertir a los "infieles" por la fuerza y con guerra.	La Biblia manda a los cristianos a esparcir el Evangelio con amor.
Alá garantiza el paraíso sólo a los musulmanes que mueren peleando la guerra santa; todos los demás musulmanes esperan lo mejor, no están seguros de su destino eterno.	Dios garantiza la salvación y vida eterna en el cielo, con total seguridad, a todo el que invoque el nombre de Jesús con fe salvadora.

Sin embargo, he aquí algo en lo que la Santa Biblia y el Corán concuerdan: Ambos enseñan que la Biblia es la Palabra de Dios. El Corán cataloga a las Escrituras judío-cristianas como "La Palabra de Dios", "El Libro de Dios", y "una decisión para todos los asuntos". A los cristianos se les anima a buscar la guía y revelación de Dios en su Santa Biblia (Sura 5:50).[23] Por supuesto, la Biblia concuerda completamente con esta enseñanza (2 Ti. 3:16–17). Hasta a Maoma (o sus oponentes, dependiendo de tu interpretación) se le insta a probar la exactitud de sus enseñanzas y las compara con las enseñanzas divinas que se dan en la Biblia a los judíos y a los cristianos (Sura 10:94).[24]

NO NECESITAMOS OTRO LIBRO MÁS QUE LA BIBLIA, NO MÁS REVELACIÓN DE DIOS PARA VIVIR UNA VIDA A PLENITUD.

Todo esto es muy interesante porque las enseñanzas de Cristo en la Santa Biblia evidentemente contradicen las enseñanzas del Corán. Cristo nos dice que él es Dios (Mt. 26:63–67; Jn. 8:58; 10:36; 17:5; cf. Jn. 1:1–5). El Corán dice que Cristo no es Dios (Sura 4:171; 5:73, 74, 76; 9:30).[25] Cristo Dice: "Yo soy el camino, y la verdad, y la vida; nadie viene al Padre sino por mí" (Jn. 14:6) *. El Corán afirma que Cristo fue sólo otro apóstol de Alá (Sura 5:76).[26] Por lo tanto, él no es el único camino al paraíso. Cristo dice que se nos puede garantizar la salvación solamente por la fe salvadora. Las obras no son necesarias para la salvación (Jn. 3:16; cf. Ef. 2:8-9). El Corán enseña que "obras de justicia" son, de hecho, un requerimiento para quizás obtener entrada al paraíso. (cf. Sura 4:57:5:50).[27]

¿Ves el problema aquí? El Corán les dice a los cristianos que sigan su Biblia, "La Palabra de Dios", luego cambia y contradice lo que Dios dice.[28] Claramente, la Santa Biblia y el Corán no fueron inspirados por la misma persona. Dios nos dice en la Santa Biblia que su verdad fue "una vez por todas" entregada (no necesitaba que se le agregara nada) a los santos por parte de los apóstoles de Cristo (Judas v. 3). (Maoma, el apóstol de Alá, nació aproximadamente quinientos años después de que este versículo fuera escrito). En contraste a lo que enseña el islam, no necesitamos otro libro más que la Biblia, no más revelación de Dios para vivir una vida a plenitud (Pv. 30:6; 2 Ti. 2:15; 3:16–17; Jud. v. 3; Ap. 22:18–19).

Como puedes ver, un abismo inconmensurable separa a la Biblia del Corán, y un abismo inconmensurable separa a Dios de Alá.

Comprensiblemente, entonces, Alá no es el único Dios verdadero de Abraham, Isaac y Jacob (ver Gn. 1:6; Jn. 14:6–7; Ro. 4:9, 13, 16; Gá. 3:8, 14; He. 11:9).[29]

El espacio no permite un examen detallado de cada religión. Tampoco nos permite un análisis crítico de todas las opiniones de "Hipopótamos, Jarabe y Santa Claus" que se tienen de Dios. Pero con todas estas cosmovisiones que se transforman en un batiburrillo de seudodioses ante nuestros propios ojos, es importante que examinemos algunas tendencias alarmantes. Y dónde mejor comenzar que con los Estados Unidos de América, el país más diverso del mundo en cuanto a religión se refiere.

ASÍ COMO DOS PERSONAS NO TIENEN LAS MISMAS HUELLAS DIGITALES, DE IGUAL MANERA, DOS PERSONAS NO TIENEN EL MISMO ENTENDIMIENTO DE DIOS.

Aunque la afiliación y actividad religiosa informal le dan la gente un sentido de comodidad y seguridad, sorpresivamente, pocos que se consideran cristianos centran sus vidas en su fe. La mayoría no está satisfecho o no se siente pleno con sus experiencias de fe.[1]

—GEORGE BARNA Y GEORGE GALLUP, HIJO

5

¿Ha llegado Dios a ser obsoleto?

Está muerto Dios?", se mofó la revista Time en la portada de su edición de abril de 1966. Casi al mismo tiempo, El profesor de teología de Emory, Thomas Altizer, y otros teólogos de la misma opinión, llenaron salones de conferencias en algunos campus al anunciar la teoría de que "Dios murió en la cruz y nunca resucitó".[2] Un éxodo sin precedentes de las iglesias de los estados Unidos estaba alimentando esas conclusiones[3] y, por un momento, la iglesia parecía más bien satisfecha en cuanto a todo el asunto:

> Seis meses después, el Concilio Nacional de Iglesias tomó acción. Una campaña estratégica por televisión impactó a los hogares estadounidenses con el mensaje: "Dios está vivo".[4] No tardó mucho para que los ciudadanos de los Estados Unidos comenzaran a fluir otra vez en las iglesias. Las mega iglesias comenzaron a surgir por toda la nación, y esto provocó un auge en la construcción y renovación de iglesias. ¿Fue este fervor religioso intensificado el resultado de la campaña? ¿O fue esto sólo el comienzo de algo más que saldría a la superficie unos veinte años después?

A pesar del increíble aumento en la asistencia nacional a la iglesia, no toda denominación eclesiástica estaba disfrutando de la atención del sector popular. De hecho, durante los treinta años siguientes, en la Iglesia hubieron organizaciones que vieron caer en picada sus membresías de un veinte a un cuarenta por ciento, mientras que las Asambleas de Dios Pentecostales vieron un asombroso crecimiento del 267 por ciento",[5] y se convirtió en una de las denominaciones de mayor crecimiento en los Estados Unidos.

> LA SUPERVIVENCIA DE CADA FE DEPENDE DIRECTAMENTE DE SU CAPACIDAD DE SATISFACER LAS NECESIDADES CAMBIANTES DEL HOMBRE.
>
> —GEOFFREY PARRINDER
>
> TEÓLOGO BRITÁNICO

Si le hubieras preguntado a Geoffrey Parrinder, un destacado teólogo británico y experto en religiones comparativas, la razón de tales fracasos y éxitos, habría predicho allá en los años sesenta: "La supervivencia de cada fe depende directamente de su capacidad de satisfacer las necesidades cambiantes del hombre".[6] Al ver más allá de las técnicas agresivas para reclutar y de mercadeo, ¿cómo es que tuvieron éxito las denominaciones que satisfacían las necesidades de sus miembros? Como lo descubriremos pronto, la iglesia no fue el único sector que atendía a las "necesidades" espirituales de la gente los Estados Unidos.

A principios de los años noventa, con la asistencia a la iglesia todavía en aumento, se estaba llevando a cabo un fenómeno interesante. La religión organizada estaba siendo reemplazada, gradualmente, por algo llamado "espiritualidad personal". Eugene Taylor escribió en *Psychology Today (Psicología Actual)*: "Estamos siendo testigos de un despertar espiritual sin precedentes en los tiempos modernos, según los eruditos del pensamiento religioso estadounidense".[7]

A finales de los años noventa, un alto porcentaje récord del noventa y cinco por ciento de estadounidenses dijo que creía en Dios (o un poder supremo);[8] el ochenta y nueve por ciento creía que Jesucristo era el Hijo de Dios; ochenta y cuatro por ciento creía que Jesucristo resucitó de los muertos;[9] sesenta y seis por ciento manifestó un "compromiso personal con Jesucristo";[10] y el sesenta por ciento comunicó que "la religión es muy importante en sus vidas". Pero sólo el cuarenta por ciento asistió a un servicio religioso cada semana.[11]

En un artículo del *Dallas Morning News* de diciembre de 1998 que se titulaba "Todo Tiene Sentido: Estudios acerca de la religión nos encuentran más espirituales y menos fieles", los encuestadores favoritos de religión de los estados Unidos, George Barna y George Gallup, hijo, reportaron que el ochenta y dos por ciento de estadounidenses expresó la necesidad de "experimentar crecimiento espiritual", un increíble veinticuatro por ciento más que los cuatro años anteriores.[12] Una "dramática transformación religiosa", la más grande del siglo, estaba invadiendo tranquilamente a los Estados Unidos, reportó *Los Angeles Times*, afirmando que los Estados Unidos estaba "convirtiéndose rápidamente en el país espiritualmente más diverso en el mundo".[13]

Y entonces ocurrió la tragedia.

CÓMO VIAJAR EN LA OLA SÍSMICA

¿Aumentaron este efecto espiritual de bola de nieve los ataques terroristas del 11 de septiembre de 2001? De manera interesante, la asistencia a la iglesia y el interés en los asuntos espirituales ya estaba en un mini aumento, aún antes de que las torres del *World Trade Center* se desplomaran.[14] Los hallazgos de George Gallup, hijo, que presentó el siguiente enero, sorprendieron a muchos, incluso a él mismo:

> El análisis inicial del impacto que los ataques terroristas tuvieron en la espiritualidad de la nación muestra que no ha habido aumento en la asistencia a la iglesia, ni en la importancia que la religión tiene en la vida diaria de los estadounidenses.[15]

Sí, los estadounidenses inundaron las iglesias de sus vecindarios por algunas semanas, pero no fue muy distinto al "efecto de los días festivos" que se ve en Navidad y en la Pascua. El único elemento que cambió fue cómo percibieron los estadounidenses la influencia de la religión. Un gigantesco setenta y uno por ciento dijo que "la religión, como un todo, está aumentando su influencia en la vida estadounidense". Sólo el treinta y nueve por ciento había dicho lo mismo diez meses antes.[16]

LA GENTE AHORA VERDADERAMENTE TIENE HAMBRE DE LA VERDAD, PERO COMO LO HAN OBSERVADO OTROS AUTORES, LA MAYORÍA NO ESTÁ DISPUESTA A COMPROMETER SU VIDA CUANDO FINALMENTE LA ENCUENTRA.

Un fenómeno similar se presentó en febrero de 2004; sólo que esta vez fue una película, no un ataque terrorista. El éxito arrasador de la película controversial de Mel Gibson, *La Pasión de Cristo* tomó a Hollywood, y hasta la comunidad religiosa, totalmente por sorpresa. Al principio, muchos críticos creían que Gibson nunca recuperaría los veinticinco a treinta millones de dólares que había invertido. La cinta ahora se ha convertido en la película de clasificación "R" de mayor recaudación en taquilla y en la película independiente de mayor recaudación de todos los tiempos. De hecho, el setenta y seis por ciento de los adultos estadounidenses afirmó en ese tiempo que había visto o quería ver la película de Gibson.[17] Desde camisetas hasta tatuajes de Jesús, "clavos de Jesús" como broches de solapa y clavos oficiales, Jesucristo fácilmente había llegado a ser el instrumento más atractivo de mercadeo del año.

¿Pero cambió la película verdaderamente la vida de la gente? Muchos dijeron que sí.[18] Después del 11/09, algunas iglesias reportaron un alza en la asistencia. Los ciudadanos estaban más abiertos a hablar de asuntos espirituales. Las librerías no podían tener suficientes libros de Jesús en sus estantes. Discusiones sobre Jesús y Dios surgían por todos lados, desde programas radiales hasta en los salones de tatuajes. Después de ver la película, muchos criminales estaban tan consumidos por la culpa que realmente se entregaron. Un hombre de Texas confesó a los detectives que había estrangulado a la madre de su hijo. No se había ahorcado como todos creían.[19]

La película definitivamente cambió la rutina semanal para muchos estadounidenses, pero ¿resultó en la conversión genuina de millones? Cristo dio su vida por todos los espectadores del cine. ¿Daría su vida por Cristo cada espectador? Sin duda la película dejó una impresión indeleble en la mente de muchos creyentes, y Dios probablemente la utilizó indirectamente para ayudar a provocar el arrepentimiento genuino y salvación de muchos. Pero, mayormente, para la mayoría de no creyentes, la película ofrecía poco más que una discusión de oficina, de las que se tienen alrededor del refrigerador de agua. Como lo observó un pastor: "*La Pasión de Cristo* no responde a las preguntas razonables, pero sí hace que surjan".[20]

Cerca del mismo tiempo en que se estrenó la película de Gibson, el famoso libro de Dan Brown, *El Código Da Vinci*, vendió más de seis millones de copias. El libro de ficción mejor vendido, que se creía que contenía hechos históricos, despojaba a Cristo de su divinidad y proclamaba que se había casado con María Magdalena. Pero esto no pareció molestar a muchos, incluso a millones de "creyentes". Jesús había llegado a ser la moda del 2004, y ya fuera Dios o no, la gente quería más. "Conciertos de Jesús", "Festivales de Jesús" y había un montón de "conmoción espiritual". Pero, para muchos, Jesús no era más que un símbolo de moda para una búsqueda "espiritual", que deja un sentimiento de bienestar, ocasionado por un profundo vacío espiritual.

La gente ahora verdaderamente tiene hambre de la verdad; pero, como también lo han observado algunos autores, la mayoría no está dispuesta comprometer su vida cuando finalmente la encuentra.

LA ESPIRITUALIDAD DEL LLANERO SOLITARIO

Imagino que hasta el astuto detective Sherlock Holmes tendría dificultad para unir toda la información de las encuestas que hemos desenterrado hasta aquí en este capítulo. ¿Qué está sucediendo en los Estados Unidos? ¿Podrían los resultados de la encuesta que se hizo después del 11 de septiembre y la película de Mel Gibson representar una receptividad aún mayor que la espiritualidad personal que no aparece, por alguna razón desconocida, en el análisis estadístico sobre la religión en los Estados Unidos? ¿Podría ser esto la razón por la que casi todos están hablando de Jesús, pero pocos están realmente viviendo para Jesús? ¿Está la gente, más que nunca, buscando esta espiritualidad moderna en un intento de encontrar significado en la vida? ¿Cree que el verdadero significado puede lograrse sin una sumisión genuina al Hijo de Dios? ¿Ven los estadounidenses la espiritualidad personal como algo distinto a la religiosidad?

SI "LA MAYORÍA DE LA GENTE NO ESTÁ CONECTADA CON UN DIOS DE UNA MANERA SIGNIFICATIVA", COMO INSISTEN BARNA Y GALLUP, EN UN SENTIDO, ¿HA LLEGADO A SER OBSOLETO DIOS?

Creo que, con todo, la respuesta a todas estas preguntas es sí.

Actualmente, los Estados Unidos viaja en una ola sísmica de avivamiento espiritual, como nunca antes se vio en el siglo pasado (una ola gigante de agua compuesta, en gran parte, de décadas de preguntas sin respuesta acerca de un Dios que ahora muchos consideran obsoleto). "Los tradicionalistas se preocupaban de que los años sesenta mataran a Dios. En lugar de eso, La época parece haberle quitado el corcho a un éter de espiritualidad que flota libremente", proclama Hanna Rosin del *Washington Post*.[21] Pero este fenómeno de espiritualidad no comenzó con *La Pasión de Cristo*. No se originó con los ataques terroristas del 2001. No comenzó con el aumento de asistencia a la iglesia al inicio de los años noventa. Se "destapó" hace mucho tiempo como en los años sesenta. Un alto récord del treinta y tres por ciento de adultos estadounidenses ahora afirma ser "espiritual pero no religioso".[22] (Un treinta y nueve por ciento de adolescentes estadounidenses dice lo mismo).[23] Y estas cantidades sólo continuarán aumentando.

¿Qué efecto ha tenido esta sed de espiritualidad en los Estados Unidos? Escucha los hallazgos de Barna y Gallup:

> La influencia que se percibe del cristianismo y la aceptación de las doctrinas básicas cristianas ha disminuido.
> La mayoría de la gente no está conectada con Dios de una manera significativa. Aunque la afiliación y actividad religiosa informal le dan a la gente un sentido de comodidad y seguridad, sorpresivamente, pocos de los que se consideran cristianos centran sus vidas en su fe. La mayoría no está satisfecho o no se siente pleno con sus experiencias de fe.[24]

¿Se traduce esta presión hacia una espiritualidad ensimismada, junto con el desprecio a la doctrina de la iglesia, en un desprecio de Dios? Si "la mayoría de la gente no está conectada con Dios de una manera significativa", como Barna y Gallup insisten, ¿ha llegado Dios, en un sentido, a ser obsoleto? ¿Tratamos a Dios como un teléfono celular obsoleto y voluminoso que tiramos en la gaveta de los trastos viejos, pensando que posiblemente podríamos darle algún uso en el futuro? ¿Explica esta perspectiva dominante de "Dios es obsoleto" la insatisfacción corroyente tan desenfrenada que hay en los círculos religiosos de hoy?

Creo que sí. Un padre de Seattle relató: "Para la Pascua, mi hijo y yo vamos a acampar. No puedes evitar el ser espiritual allí".[25] La mayoría de la gente hoy en día cree que puede lograr felicidad genuina y verdadera alegría por medio de su "espiritualidad hecha por sí mismo". (Mark Galli, director editorial de *Christianity Today*, lo cataloga como "Espiritualidad del Llanero Solitario").[26] Bueno, podrían consultar a Dios de vez en cuando para apaciguar sus conciencias, pero esas personas optarían por someterse a un tratamiento doloroso de conducto radicular treinta veces, sin anestesia, en lugar de dedicar por completo sus vidas a Dios.

"DIOS ES MUY DIFÍCIL PARA MÍ"

Algunos de ustedes que se han protegido de toda esta locura de espiritualidad podrían estar preguntándose cómo alguien puede ser espiritual sin Dios. "Tuve un desencanto en el cristianismo", proclamó un budista Zen de veintiséis años en Mineápolis. "Sentí que había falta de espiritualidad en él. Había mucha religión, pero no una espiritualidad real".[27]

SI ALGUNA VEZ NUESTRO MUNDO SUFRIDO, DESCONTENTO Y DESORDENADO NECESITARA DE UN DIOS COMPRENSIVO, ESE TIEMPO ES AHORA.

Un episodio de "Rude Awakening" (una comedia indecente para adultos) de Showtime, representa a un adicto de heroína que intenta vencer su adicción. Aunque el episodio era de ficción, la historia afecta de cerca a muchos aspirantes espirituales. El diálogo era algo así:

> Adicto: —Necesito un poco de ayuda espiritual. Mi programa dice que tengo que adoptar a Dios, que tengo que adoptar la espiritualidad. Pero yo no quiero hacerlo. Dios me da miedo. Dios es un patriarca vengativo que lanza relámpagos. Por lo que no sé qué hacer.
>
> Amigo: —bueno, sólo piensa en los ángeles, piensa en John Travolta en "Michael", piensa en cómo le devolvió la vida a aquel cachorrito enfermo. Eso es algo con lo que puedes vivir ¿verdad?
>
> Adicto: —Sí. Sí. Está bien. Dios es muy difícil para mí, pero los ángeles, sabes, ellos no".[28]

¿Por qué alguien querría ser espiritual sin Dios? En la búsqueda de espiritualidad, la gente se está volcando hacia los ángeles, diosas sagradas y formas de vida extraterrestres, sencillamente porque no "pueden con Dios". El carácter de Dios, simplemente, no baila con sus conciencias. Como el aceite y el agua, Dios no se mezcla con su mar utópico de felicidad. Dios es de miedo, demasiado inquietante para ellos como para siquiera pensar en él. Así que, si Dios no engrana con mi espiritualidad personal, entonces alguien tiene que irse. ¡Adiós, Dios!

En esencia, a Dios se le considera obsoleto.

Triste, ¿no es cierto? Si alguna vez nuestro mundo sufrido, descontento y desordenado necesitara de un Dios comprensivo, ese tiempo es ahora. Adicción a drogas, violaciones de pandillas, el racismo, "guerras santas", prostitución infantil, asesinatos en escuelas, disparos de francotiradores al azar, aún así, irónicamente, muchos creen que Dios es un aguafiestas entrometido y que este mundo estaría mejor sin él.

Antes de seguir adelante, quizás deberíamos definir exactamente qué espiritualidad personal es esta que está cautivando al mundo.

DIOS NO SE
MEZCLA CON
EL MAR
UTÓPICO DE
FELICIDAD
DE ALGUNOS.

Podemos estar ocupados con la religión, activos en el trabajo de la iglesia, pero una vez más, Dios no está allí. Estamos pensando en nosotros mismos de principio a fin. Todo el mundo lo está haciendo. En efecto, por eso es que el mundo está como está, porque se ha olvidado de Dios.[1]

——D. MARTIN LLOYD-JONES

6

El gran bufé espiritual

Eugene Taylor, en su bien escrito artículo en *Psychology Today* "Búsqueda desesperada de la espiritualidad", nos proporciona una descripción intuitiva de este fenómeno:

> El poder motriz de la espiritualidad no viene de la ciencia, de la religión ni de la educación institucionalizada de la corriente dominante. Es más, es un fenómeno popular de proporciones épicas que de una vez es profundamente personal, experiencial y trascendente. El nuevo despertar está dirigido hacia una apertura de las puertas internas de la percepción y está perceptualmente basado en lo que el experimentador cree que es un nivel más profundo de realidad inmediata del que normalmente tenemos acceso.[2]

Otra definición de *American Demographics* ilustra muy bien esta espiritualidad que está de moda:

> [Espiritualidad] es la búsqueda de una fe experiencial, una religión del corazón, no de la cabeza. Es una expresión religiosa que minimiza la doctrina y el dogma, y se revela en experiencia directa del divino, ya sea que se llame el "espíritu santo" o "conciencia cósmica" o el "verdadero yo". Es práctica y personal, se trata más de la reducción del estrés que de salvación, más terapéutica que teológica. Se trata de sentirse bien, no de ser bueno. Se trata tanto del cuerpo como del alma.[3]

Cuando se le pidió a las personas que definieran "espiritualidad" para un estudio Gallup:

> Casi un tercio la definió sin referirse a Dios ni a una autoridad suprema: "una tranquilidad en mi vida", algo en lo que realmente pones el corazón", o "vivir la vida que crees que es agradable".[4]

No es de sorprenderse, entonces, que la mayoría de autores seculares amplíen el término *espiritualidad* para incluir un componente existencial. Millones de personas alrededor del mundo dirían que son espirituales, porque están en "una búsqueda de significado y propósito", que a menudo incluye un interés genuino por desarrollar relaciones con otros, conectarse con la naturaleza, mantener valores, vivir de manera saludable y extenderse más allá de nuestra existencia material.[5] De nuevo, no hay nada malo en sí con buscar estas cosas. Solamente que esta "espiritualidad terapéutica", con su ilusión de "propósito de vida y satisfacción,"[6] silenciosamente pone a Dios al margen y lo saca de nuestra vista. Pero, como lo he expuesto anteriormente, el verdadero significado de la vida puede obtenerse sólo con una relación correcta con nuestro Creador. Haz un estudio alguna vez de los ateos filosóficos más famosos, y descubrirás que mientras más se

> MUCHOS ESTÁN DESECHANDO LA RELIGIÓN ORGANIZADA, Y A CAMBIO ESCOGEN CREENCIAS MÁS GRATIFICANTES DE UN MONTÓN DE RELIGIONES PARA FORMAR UNA ESPIRITUALIDAD PERSONAL ÚNICA Y TERAPÉUTICA.

acercaban a la muerte, llegaron a ser más impotentes, miserables y llegaron a estar más atemorizados.[7]

¿Dónde estaba su "propósito de vida y satisfacción" cuando más los necesitaban?

En esta búsqueda personal de bienestar interno y "experiencia directa" de lo que trasciende alrededor del mundo, algunos sucesos sorprendentes se están llevando a cabo. Por ejemplo, "altares en casas", santuarios personalizados a cualquier ser que uno adore, están llegando a ser cada vez más populares, aún en Norteamérica. Nancy Brady Cunningham, una experta en el tema, afirma que el deseo de diseñar ese lugar santo de adoración en la casa (a veces con candelas, aceite, figuritas y fotos de novios y novias) es similar al deseo de un admirador de cubrir las paredes con pertenencias y carteles de algún héroe del deporte o de la cultura pop.[8] "Estoy en eso de la espiritualidad, no en religión" es una frase de moda común entre los aspirantes espirituales y creyentes por igual.[9]

LA IGLESIA SE UTILIZA COMO UNA VITAMINA PARA EL ALMA DE UNA VEZ A LA SEMANA.

Entonces, no es una gran conmoción que la doctrina de la iglesia sea rápidamente hecha a un lado por una espiritualidad de "sentirme bien y hacer lo que quiero" que promete una experiencia interna utópica como ninguna otra cosa. Muchos están desechando la religión organizada, y a cambio escogen las creencias y prácticas más gratificantes de un montón de religiones para formar una espiritualidad personal única y terapéutica. Como un escritor de la revista *Life* alardea: "Ya no me limito a la fe de mis padres. Tengo enfrente una gama de religiones, un gran bufé espiritual, y yo me sirvo, muchas gracias."[10]

Con la religiosidad que no está de moda, uno podría esperar ver que la asistencia a la iglesia esté en caída libre. No lo está. Aún así la asistencia a la iglesia no ha seguido el paso con el aumento de la población de los Estados Unidos. En la última década, el número de personas que no asiste a la iglesia ha aumentado. Cuando se hizo una encuesta, el quince por ciento de los que respondieron dijeron que asistían a la iglesia o sinagoga como una vez al mes, y el cuarenta y uno por ciento dijo que casi nunca o nunca asistía a un lugar de adoración.[11] En 2002, la confianza del público en la religión organizada cayó en picada a un cuarenta y cinco por ciento, la cifra más baja desde que Gallup comenzó a encuestar a los Estados Unidos con esa pregunta en 1941.[12] (La cifra ha subido un poco desde entonces, a un cincuenta y tres por ciento).[13] La razón por la que la cifra de los que no asisten a la iglesia no es significantemente alta es esta: Entrar por la puerta de una iglesia generalmente es considerado como algo terapéutico y estimulante para el alma de uno, especialmente cuando toda la familia lo hace. Podría ser la música encantadora, la participación en el coro, el humor que utiliza el predicador que es más divertido que Chris Rock, o simplemente toda la atmósfera social bajo un techo. La iglesia se utiliza como una vitamina de una vez a la semana para el alma: Ya que la mayor parte es fácil de tragar. Es barato. No pude dañar en absoluto. Y te hace sentir bien cuando el predicador dice el último "Amén", como que realmente hiciste tu parte para mantener tu alma de la mejor forma. Y si se te olvidó tomar "la vitamina" para ejercitar tus músculos con un poco de béisbol o fútbol, eso también es importante, en el gran plan de un estilo de vida espiritual saludable.

LA ESPIRITUALIDAD REFLEJA EL CAMINAR DIARIO DEL ALMA CON DIOS

Y muchas iglesias están dispuestas a hacer su parte al convertir esta "vitamina" de una vez a la semana en una cápsula de gel mucho más fácil de tragar. Puedes encontrar una variedad de clases de autoayuda en muchas de las iglesias que están creciendo rápidamente en los Estados Unidos y que proveen soluciones precisamente para casi cualquier problema de la vida de uno, ya sea problemas financieros, problemas matrimoniales, reveses en el trabajo, obesidad o depresión. No hay nada malo en sí con estos grupos y talleres; es sólo que asistir a una iglesia hoy en día, en la mayor parte, tiene poco que ver con el deseo sincero de uno de llegar a tener una relación significativa con Dios.

A menudo me pregunto si disminuiría la necesidad de estas clases de autoayuda en la cristiandad si tuviéramos un entendimiento profundamente arraigado de Dios justo desde el principio. Si todos tuviéramos un mejor entendimiento de la santidad, soberanía y sabiduría de nuestro Creador y Señor, ¿estaríamos sufriendo de las consecuencias psicológicas y físicas del sexo fuera del matrimonio, del divorcio, de las contiendas matrimoniales, del engaño, del orgullo, del descontento, de la avaricia y de la pornografía en nuestro planeta? ¿Por qué le damos tan poca importancia a aprender del carácter de Dios cuando más lo necesitamos? ¿Por qué no llegamos a la raíz de nuestros problemas en lugar de seguir tratando de poner curitas en cada lesión desagradable que aparece?

> Podemos estar ocupados con la religión, activos en el trabajo de la iglesia, pero, de nuevo, Dios no entra allí. Estamos pensando en nosotros mismos desde el principio hasta el fin. Todo el mundo lo hace. En efecto, por eso es que el mundo está como está, porque se ha olvidado de Dios.[14]

Ahora, no me malinterpretes. Ir a la iglesia y querer ser espiritual no tiene nada de malo en sí. Me encanta juntarme con hermanos creyentes, adorar y aprender más de Dios. Y debo confesar que también estoy en eso de la espiritualidad, sin tradiciones y religión organizada. Pero el apóstol Pablo escribió a los creyentes, advirtiéndoles en contra de poner sus mentes en cosas no espirituales: "pero el ocuparse del Espíritu es vida y paz" (Ro. 8.6). La Nueva Versión

> LA RAZÓN POR LA QUE LA ESPIRITUALIDAD PERSONAL ES UN IMPACTO QUE AHORA ESTÁ FUERA DE CONTROLES QUE SÓLO SE TRATA DE "MÍ" Y NO DE DIOS.

Internacional lo pone aún más claro: "La mentalidad pecaminosa es muerte, mientras que la mentalidad que *proviene del espíritu* es vida y paz."

¿A qué "Espíritu" se refiere Pablo aquí exactamente? Ciertamente no es a un espíritu de tradición eclesiástica; no es este espíritu de sentirse bien o medicinal que muchos están buscando ahora en el carrusel de espiritualidad personal, talleres de ayúdese a sí mismo, clavos de Jesús y tatuajes. En vez de eso, Pablo anima a sus hermanos creyentes a esforzarse por tener el Espíritu de Dios, permitiéndole que controle sus mentes y, a la larga, sus almas.

Vuelvo a hacer las preguntas de Jesús: "Porque, ¿qué aprovechará al hombre, si ganare todo el mundo, y perdiere su alma?" (Mt. 16:26a). El "Propósito de la vida" y la "satisfacción", lejos de los propósitos y bendiciones de Dios no tienen sentido a la luz de la eternidad.

Francis Schaeffer nos indica qué es la *espiritualidad genuina*: "Es una relación continua de momento a momento con el Dios que existe."[15] Una relación apropiada siempre involucra a dos personas, no las pasiones independientes y primordiales de una. La espiritualidad genuina se refleja en el caminar diario del alma con Dios, no en el diario correr detrás de los deseos mundanos. La razón por la que la espiritualidad personal es un impacto que ahora está fuera de control es que sólo se trata de "mí" y no de Dios.

¿Cuántos buscadores espirituales pueden decir sinceramente que están caminando en armonía, paso a paso, con el Espíritu de Dios? Millones alrededor del mundo están emocionadamente atados a sus "paracaídas espirituales", saltan del avión de Dios, y esperan caer en un mar atractivo de salud, éxito y felicidad interna. Pero, ¿dónde deja esto a nuestro Creador? Deja a Dios sentado al control del avión, preguntándose si la gente se ha dado cuenta de que sus paracaídas tienen desperfectos. La espiritualidad sin Dios es como un equipo de paracaídas que no tiene paracaídas o que funciona mal. Seguro, el salto es entretenido por un rato, hasta que uno cae en el suelo, sólo para darse cuenta de que la espiritualidad sin Dios es un desierto desolado de la nada, propagado por una cultura obsesionada con el individualismo y sociedad de "no me digas qué hacer".

El "gran bufé espiritual", irónicamente, ha dejado a muchas personas muertas de hambre.

UN CREADOR AL GUSTO

Este asunto tiene dos caras. En el lado que se voltea de la moneda espiritual está una generación que busca, gente que genuinamente busca a Dios, y le da mucho más énfasis a las experiencias emocionantes que a un dogma aburrido y ofensivo.[16] Sin embargo, ¿lleva esta intensa búsqueda a un mejor entendimiento de Dios?

Dejaré que tú decidas.

"En esta nueva ola de religión," reporta el *Tampa Tribune*, "la gente se abstiene de las tradiciones y adapta a Dios para que encaje en sus necesidades." Al llegar a esta conclusión, el periódico entrevistó a Ed y Joanne, una pareja que vive en Virgina. Cansados de la falta de sentido práctico de la escuela e iglesia católicas, la pareja decidió:

> Construir su propia iglesia, guardaron las partes de su antigua religión que les gustaban y tiraron el resto. Lo primero en irse fue un Dios enojado y vengador y el infierno, "eso es sólo algo que dicen para asustarte", dijo Ed.
>
> Se quedaron con Jesús, "porque Jesús es grande en amor".[17]

En su búsqueda de Dios, la pareja se volcó hacia fuentes recientemente descubiertas de sabiduría en la sección de Espiritualidad Privada de la biblioteca local, y escogieron títulos como *A Course on Miracles* (Un curso en milagros) y *Conversations with God* (Conversaciones con Dios).

> Ahora conversan íntimamente con un Dios nuevo, un gemelo tierno del Dios con el que ellos crecieron. Es sabio, pero habla suave, los anima cuando están tristes, se ríe de sus peculiaridades. Más esencialmente, él los confirma, como el mejor de los amigos.
>
> Y lo mejor de todo, ha estado allí todo el tiempo. "Descubrimos al Dios interno," dijo Joanne. "Por eso es que necesitamos a Dios. Porque somos Dios. Dios me da la capacidad de crear mi propia divinidad."[18]

La búsqueda de Ed y Joanne para hacer a Dios a la medida de un amigo práctico y que confirma es una tendencia popular, pero no para el Vaticano. El Papa Juan Paulo II advirtió en contra de este "Catolicismo de cafetería", escoger lo que quieres de la fe, y dejar atrás lo que no te gusta, y afirmó que esto ha resultado en una "crisis de significado" en nuestro mundo actual.[19]

¿HA LLEGADO A SER LA ESPIRITUALIDAD SÓLO UN ARTÍCULO EN UN MUNDO DONDE EL CONSUMISMO SE HA CONVERTIDO EN EL VALOR MÁXIMO?

Paul Johnson, periodista, historiador y autor de *The Quest for God* (La búsqueda de Dios) afirma: "Estamos menos seguros de lo que Dios es, o de lo que significa para nosotros, que nuestros padres."[20] La revista *Life* informa: "El Dios de *Los Estados Unidos* está vagamente definido,"[21] y el *Minneapolis Star Tribune* se pregunta si la "altamente proclamada religiosidad de los Estados Unidos es sólo "superficial" después de que Gallup diera a los Estados Unidos el apodo de "una nación de analfabetos bíblicos".[22] A principios de los años noventa, una encuesta de Barna descubrió que el ochenta y dos por ciento de adultos estadounidenses cree que "Dios ayuda a los que se ayudan",[23] y "cincuenta y seis por ciento erróneamente cree que la idea viene directamente de la Biblia".[24] Encuestas que se hicieron después demostraron que menos de la mitad de los adultos estadounidenses puede enumerar los cuatro evangelios y el setenta por ciento de adolescentes no puede decirte por qué los cristianos celebran la Pascua.[25] Uno de cada dos estadounidenses no sabe que el primer libro de la Biblia es Génesis. Y el diez por ciento cree que la esposa de Noé era Juana de Arco.[26] No es de extrañar que Barna y Gallup llegaran a esta conclusión: "La mayoría de la gente no está conectada con Dios de una manera significativa."[27] Nunca habían sido los Estados Unidos tan espirituales, y tan ignorantes de Dios y su Palabra.

Hay una industria multimillonaria que se aprovecha de esta publicidad, que mercadea de madera agresiva la espiritualidad personal hacia un mundo hambriento de significado en la vida. Videos innovadores al estilo de Hollywood, cintas magnetofónicas, talleres, caminatas de bienestar y seminarios de fin de semana han inundado los Estados Unidos, y prometen de todo, desde ajustes de aura y comunicación con ángeles hasta un conocimiento de cábala místico, cristales mágicos, y meditación trascendental.[28] Esos métodos creativos, como el cristianismo celta, el misticismo cristiano, el canto medieval, la danza litúrgica, y meditaciones guiadas se recomiendan para esos buscadores espirituales que están "desencantados" con la forma usual de adoptar a Cristo.[29]

Esta revolución terapéutica que está en demanda ha resultado en que la espiritualidad se convierta en el sector que crece rápidamente en la publicación de libros,[30] con las ventas que han llegado a un total de casi un millardo de dólares al año.[31] Unos cuantos clics en la Internet y puedes hacer que FedEx te lleve tu manual espiritual, video o cinta magnetofónica a tu puerta a las 10:00 a.m. del día siguiente, por una pequeña suma, por supuesto. "¿Están experimentando Los Estados Unidos un avivamiento religioso?" preguntó un escritor en *Newsday*. "¿O ha llegado la espiritualidad a ser sólo otro artículo en un mundo donde el consumismo se ha convertido en el valor máximo?[32]

Los Estados Unidos quizás sea el gran país que marca tendencia y que es gurú de mercadeo, cuando se trata de espiritualidad personal, pero no te engañes; el resto del mundo no está tan lejos. Como ya lo hemos descubierto, generaciones jóvenes de budistas, hindúes y musulmanes por todos lados están oponiéndose a las tradiciones religiosas y doctrina, y en lugar se eso optan por una espiritualidad de diseñador que no sólo se ve bien, sino que se siente bien.

El libro de Stephen Batchelor, *Buddhism Without Beliefs* (Budismo sin Creencias), por ejemplo, propone tirar "todo ese asunto aburrido del karma y la reencarnación".[33] William Boom, un escritor que vive en Londres, ve el fallecimiento de las "religiones disciplinarias" al citar a la nueva generación de Japón que se resiste a ser obligada a "¡tragarse la adoración de ancestros!" ¿Por qué malgastar mi tiempo adorando a un viejo espíritu aburrido cuando puedo asistir a esos talleres enérgicos de adoración y darle un banquete a mi mente con todos esos libros inspiradores?[34] Ronald F. Inglehart, de la Universidad de Michigan nos asegura que mientras "la asistencia a la iglesia está declinando en casi todas las sociedades industriales, los asuntos espirituales más ampliamente definidos no lo están.[35]

Como ejemplo de este deterioro, la asistencia a las iglesias dominantes de Austrialia cayó en un diez por ciento en los años noventa,[36] y la caída de medio siglo en la asistencia a la iglesia en Canadá ha dejado sólo un veintiséis por ciento de canadienses semanalmente en las bancas de las iglesias.[37] En Europa, la asistencia a la iglesia ha alcanzado bajas espantosas, y esto ha hecho que los obispos de la iglesia católica romana de Europa declaren: "Existe un gran riesgo de descristianización y paganización del continente."[38] Entre tanto que la asistencia a la iglesia permanece bastante alta en las zonas calientes como Irlanda e Italia, sólo el doce por ciento de los residentes británicos[39] y menos del diez por ciento de los jóvenes en Bélgica, Alemania y Francia regularmente entran por las puertas de una iglesia.[40] Algunas iglesias que una vez prosperaron en Europa Occidental ahora son lavanderías, bares, discotecas y almacenes.[41]

Pero muchos no están preocupados. Como lo dijo un erudito holandés: "La religiosidad institucional está en deterioro, pero la religiosidad personal no está en peligro."[42] A la tendencia la llaman espiritualidad personal en los Estados Unidos; en Europa comúnmente la catalogan como "religiosidad personal".

En el resto del mundo, las estadísticas parecen inclinar la balanza en dirección opuesta. Los investigadores de la Universidad de Michigan estudiaron sesenta y cinco sociedades y descubrieron que la asistencia a la iglesia estaba aumentando en sociedades que anteriormente fueron comunistas; sin embargo, en países en desarrollo los resultados variaron.[43] En contraste con América del Norte y Europa, el cristianismo se está esparciendo como un incendio en lugares de África, Asia y América del Sur.[45, 45] Sin embargo, con una sed tal de lo sobrenatural en estas iglesias, mayormente carismáticas, los nuevos convertidos rápidamente están llegando a ser presa fácil de esta espiritualidad engañosa.[46, 47] No tardará mucho para que África, Asia y los demás continentes se suban al auto de la espiritualidad con los Estados Unidos.

Sólo es un asunto de tiempo.

LA ESPIRITUALIDAD SIN DIOS ES COMO UN EQUIPO DE PARACAÍDAS QUE NO TIENE PARACAÍDAS O QUE FUNCIONA MAL.

PARTE DOS

CÓMO EVITAR LOS OBSTÁCULOS

CÓMO UNIR LAS PIEZAS

Al ver hacia atrás a los capítulos anteriores, hemos platicado con un niño de cuatro años, hemos compartido una mesa con una clase de escuela dominical de niños de siete y ocho años, hemos hablado de Dios con personajes alrededor del globo, y hemos descubierto esta tendencia dominante y engañosa, conocida como espiritualidad personal. Es hora de unir todas las piezas: utilizar la comprensión que hemos obtenido (o estamos a punto de obtener) para evadir algunos obstáculos peligrosos que podrían evitar que obtengamos un entendimiento genuino de Dios.

7

EL CUADRO GLOBAL

Qué efecto está teniendo esta espiritualidad falsa en el entendimiento que el mundo tiene de Dios?

Ya hemos leído cómo una pareja en los Estados Unidos, Ed y Joanne, moldearon a su Dios como un ser aceptable al tirar partes de su enseñanza católica y al quedarse con otras. Con la misma señal, millones están rechazando la Biblia, y en lugar de ella deciden buscar respuestas en su interior.

Por ejemplo, mira a Denise, una mujer de Georgia que escribió esta curiosa carta a la revista *Life*:

> Me asombra que tanta gente todavía esté perdida en cuanto a qué o quién es Dios. La respuesta está en todos nosotros. Que algunos decidan seguir palabras escritas o habladas para lo que deben hacer y sentir en cuanto a Dios es triste. La gente necesita escuchar sus sentimientos internos porque ellos dicen qué es lo que mejor define a Dios. Mi Dios es optimista, compasivo, divertido, alegre y nunca es crítico. Mi Dios nunca castigaría a ninguno de nosotros por alguna decisión u opción que hayamos tomado.[1]

"Mi Dios es mi imaginación." Podría parecer bastante severo, pero eso es en realidad lo que Denise está diciendo.

Lo que es efectivamente triste es que esta filosofía refleja demasiado bien la filosofía dominante de hoy: el pensamiento de que si podemos cavar lo suficientemente profundo en nuestro ser interno, en lo más recóndito de nuestros corazones y almas, de alguna manera, podremos razonar de manera intuitiva quién es Dios en realidad, si creemos que siquiera existe.

El gran Arthur W. Pink, admirado pastor de Gran Bretaña, Australia y los Estados Unidos, declaró que el dios del siglo veinte había llegado a ser "un producto de la imaginación humana, un invento de un sentimentalismo sensiblero".[2] Pink utilizó la analogía del miembro aislado de una tribu que un día encuentra un reloj brillante en la arena. El hombre voltea el reloj en sus manos, y cuidadosamente examina el revestimiento de oro, el cristal de vidrio mineral, y la carátula altamente pulida, y hace su mejor intento para pensar en el relojero que lo hizo.

Pero eso es tonto, ¿verdad? Porque, ¿cómo puedes razonar el carácter complicado del relojero al simplemente examinar el reloj? Como más tarde pregunta Pink: "¿Está el Dios eterno e infinito mucho más al alcance interno del razonamiento humano?"[3] Claro que no. No puedes razonar de manera exacta los detalles únicos del carácter de Dios al mirar dentro de ti, más de lo que puedes razonar los detalles del carácter del relojero al ver dentro del reloj. Podríamos pasar el resto de nuestras vidas viendo cada nanómetro del reloj con un microscopio de alta potencia para llegar a la conclusión de que el relojero es creativo, ingenioso, organizado y meticuloso. Pero, ¿cómo puede uno determinar si el relojero es zurdo, si es moral, o si ama la justicia, al examinar sólo el reloj? De igual manera, ¿cómo podemos determinar que Dios es trascendente, justo, santo, iracundo, misericordioso y totalmente soberano con sólo estudiar la creación? Es algo así como tratar de razonar la personalidad de una posible pareja en un servicio de citas de Internet con sólo ver la foto donde está sostenien-

LA BIBLIA ES LA AUTOBIOGRAFÍA "FIRMADA" PARA NOSOTROS.

do una jaula de aves, que acaba de hacer a mano, e ignorar cientos de páginas donde escribió su perfil.

Dios realmente se nos ha revelado en su maravillosa creación, conocida como su "revelación general o natural" (Ver Sal. 19:1). Pero no importa cuánta comprensión obtengamos de su creación, todavía empalidece a comparación con la riqueza de conocimiento que podemos obtener de la Santa Biblia ("revelación especial" o "sobrenatural"). Entre tanto que la revelación natural es general, que restringe nuestro entendimiento de Dios, la revelación especial es milagrosamente definitiva, y nos revela el carácter de Dios con detalles precisos e íntimos. Entonces, la Biblia, en un sentido, es la autobiografía "firmada" de Dios para nosotros.

LA ÚNICA MANERA DE REEMPLAZAR ESTAS CREENCIAS ERRÓNEAS ES INTERCAMBIARLAS LIBREMENTE.

Andrew M. Greeley, sacerdote, sociólogo y autor conocido con más de treinta novelas de éxito, escribe en su autobiografía, *Confesiones de un sacerdote de parroquia*:

> La imaginación católica es análoga: ve a Dios como similar a la gente, objetos, eventos y relaciones de la vida. Rápidamente agregaría que Dios es distinto a todo esto, pero el catolicismo aún, en su primer instinto, declarará la similitud entre Dios y el mundo y sólo en su segundo instinto afirmará también desigualdad.[4]

Escritas en 1986, las palabras de Greeley ahora toman aún más importancia, y no sólo para la fe católica. En un intento de razonar a Dios, la gente afirma estar buscando la verdad en su interior, entre tanto que, de hecho, están viendo hacia afuera, instintivamente y subconscientemente, "a la gente, objetos, eventos y relaciones de la vida" para unir a Dios.

Cuando nos ponemos en camino para razonar el carácter de Dios, no inventamos los datos crudos que alimentan nuestra máquina cerebral de razonamiento. Como una fábrica moderna, nuestro cerebro tiene todas las herramientas y maquinaria de alta tecnología que se necesitan, listas al presionar una neurona para volar hacia la producción. Pero, obviamente, no puedes producir tu mosaico de Dios sin la materia prima. ¿Cómo podrías imaginar en tu mente cómo son los colores anaranjado o verde si hubieras nacido ciego?

HAY MUCHA OPORTUNIDAD PARA CREAR A DIOS ACCIDENTALMENTE, SEGÚN NOSOTROS MISMOS.

Al llegar a este mundo con nuestras mentes vacías, instintivamente miramos *hacia afuera* en búsqueda de parecidos e ideas para echarlas en nuestra máquina de razonamiento. Al hacerlo, podemos fabricar un producto decente, llenamos los hoyos de nuestra base de conocimiento. Es demasiado inquietante para nosotros viajar por la vida con todos esos baches fastidiosos en nuestro subconsciente. Algo tiene que llenar los espacios vacíos, y algo usualmente lo llena.

Estos "primeros instintos" a los que se refiere Greely son definitivamente los más difíciles de borrar. Nuestras ideas de Dios que producimos desde esta perspectiva instintiva continúan y dominan las profundidades de nuestro subconsciente, y hacen que estas creencias profundamente arraigadas sean muy difíciles de desarraigar. La única manera de reemplazar estas creencias erróneas es intercambiarlas libremente con la verdad real de Dios o, como ocurre a menudo, con algo más que tranquiliza nuestro balance lógico, aunque ese "algo más" resulte ser falso.

"Hay mucha oportunidad para sobreponer nuestra opinión de nosotros mismos por encima de Dios, mucha oportunidad para crear a Dios accidentalmente, según nosotros mismos", escriben Michael Shevack y Jack Bemporad en su libro, *Stupid Ways, Smart Ways to Think About God* [Maneras tontas y maneras inteligentes de pensar en Dios].[5] Consecuentemente, este proceso de razonar a Dios de manera intuitiva no debería tomarse como una crítica severa de alguna religión particular; más bien, debería ser visto como una debilidad congénita inherente a la humanidad.

Mira el ejemplo de esta carta de Liz Marie, de siete años:

> Querida Dios:
>
> Te amo. Y quiero agradecerte por haber hecho el color rosado. El rosado es una creación bella.
>
> Creo que en el Cielo debes haber hecho todo rosado. Cojines rosados, casas rosadas, hasta nubes rosadas.
>
> Sólo espero que los niños no se sientan tan fuera de lugar. Eso sería muy malo.
>
> Te amo mucho,
>
> Marie (7 años)[6]

A la Pequeña Liz Marie le encantaba el color rosado e intuitivamente llegó a la conclusión de que Dios, al igual que ella, también debe poseer dos cromosomas X y que abriga una obsesión por el color rosado. Se supone que nadie le ha explicado a esta niña que Dios se llama a sí mismo "Padre" en toda su autobiografía.

Esta debilidad innata también salió a la superficie unas cuantas veces en mis conversaciones con Josh, de cuatro años. Cuando le pregunté a mi pequeño sobrino: "¿Qué come Dios?" Josh, al igual que Liz Marie, no tenía una base de conocimiento automática a la cual recurrir. Entonces, ¿cómo dedujo la respuesta? Bueno, el pequeño cerebro de Josh probablemente unió todo en algo así: "Si yo como, Dios también debe comer. Y si a mí me encanta comer panqueques, jarabe y pan, entonces a Dios también debe gustarle comer lo mismo".

MUCHOS ADULTOS RAZONAN A DIOS SEGÚN SUS OBSERVACIONES Y EXPERIENCIAS DE LA VIDA.

Ahora, contrasta el razonamiento característico de Josh con el de los niños de siete y ocho años. Cuando les pregunté: "¿Come Dios?" Obtuve un resonante "¡NOOOO!" Durante los tres años anteriores, a estas pequeñas mentes se les ha enseñado en la escuela dominical (e igualmente en casa) que Dios es nuestro Padre celestial y que no necesita comer, bañarse ni ir al baño. Si a estos niños de siete y ocho años no se les hubiera dado una base de conocimiento a la cual recurrir, al igual que Josh y Liz Marie, habrían buscado las respuestas afuera. Hay muchos niños de siete y ocho años que todavía creen que Dios el Padre come. Hasta algunos niños mayores lo creen:

> Querido Padre del Universo:
>
> Ya que toda la galaxia es tuya, ¡debes tener un gran asado familiar!
>
> Invítame.
>
> Chip (11 años)[7]

YA QUE LA MAYORÍA DE NOSOTROS VE LA VIDA DESDE UNA PERSPECTIVA HORIZONTAL, NUESTRAS PRIORIDADES Y NECESIDADES FRECUENTEMENTE ESTÁN DEFINIDAS POR DESEOS TERRENALES, NO CELESTIALES.

Recuerda que cuando preguntamos qué hace Dios en su tiempo libre, Josh respondió: "Él vive en una casa y la gente va a visitarlo". Nuestras familias a menudo tienen invitados, y Josh simplemente razonó que nuestro Dios hospitalario debe hacer lo mismo en su gran hogar.

Al igual que la generación infantil, muchos adultos razonan a Dios según sus observaciones y experiencias de la vida. Al igual que Denise, muchos miran alrededor del esplendor de su mundo y razonan que un gran Dios de amor no podría ser sentencioso ni castigaría a sus hijos. ¿Cómo podría un Padre amoroso, el responsable de una belleza tan magnífica y detalle cariñoso, mandar a la gente a un infierno ardiente? Mientras tanto otros, afligidos por todas las tragedias que ocurren al rededor del mundo, razonan que un Dios de amor no existe o no está bajo control.

La gente llegará a una cantidad ilimitada de conclusiones de largo alcance al ver hacia afuera. Richard Dawkins, que fue ascendido a catedrático de entendimiento público en la Universidad de Oxford en los años noventa, sostenía que el inmenso tamaño del universo era una prueba suficiente de la no existencia de Dios (una opinión que también tenía H. G. Wells). Al razonar a Dios, Dawkins sentía que "había demasiado sobre lo que él tenía que ser supremo".[8]

Interesante.

Un sacerdote católico se despidió de su fe y del sacerdocio porque no podía concebir a un Dios que permitiera la existencia de armas nucleares.[9] Todos nosotros, a cierto punto, falsamente llegamos a las conclusiones de Dios basándonos en la información que nuestros sentidos finitos nos transmiten.

Y como esto es así, todavía no hemos contestado de manera satisfactoria la gran pregunta: ¿Qué criterio utiliza la gente para formar su mosaico personal de Dios?

POKÉMON Y POKÉDIOSES

Escucha lo que Martha Fay, autora de *Do Children Need Religion*? [¿Necesitan religión los niños?] dice: "Los niños, ya que los padres o la escuela dominical les da un dios insatisfactorio inventarán un dios con el que puedan vivir."[10] De manera similar nosotros, "los niños grandes", cuando se nos da un dios inadecuado o inaceptable, también "inventaremos un dios con el cual podamos vivir".

"A través de toda la historia, la gente ha desechado el concepto de Dios cuando ya no funciona para ellos," escribe Karen Armstrong.[11] Mi amigo Dave abiertamente compartió que su representación de Dios de la escuela dominical "simplemente no congeniaba con él". "Si existe algo [como Dios] es una fuerza de la naturaleza... algo como la gravedad. No una persona," dijo. (Setenta y siete por ciento de los canadienses que cree en Dios piensa que él es una "fuerza espiritual impersonal". Sólo el diecisiete por ciento de los creyentes canadienses piensa que Dios es "una persona").[12] La respuesta de Dave, como la de millones de otras personas, está igualmente arraigada en este pensamiento subconsciente: Si en realidad existe un Dios personal y es soberano, todopoderoso, omnisciente, entonces yo tendría que ser responsable de mis actos, cambiar la manera en que vivo mi vida, e iniciar una relación personal con él.

Pero ese no es un Dios con el que puedo vivir. Por lo que si puedo relegar a Dios a una simple fuerza, algo como la gravedad, entonces este es un Dios aceptable que puede convivir con mis creencias personales, y mantenerse fuera de mi espacio personal.

Para un artículo especial de la revista *Life*, los autores entrevistaron a cincuenta y seis chicos en seis escenarios de los Estados Unidos. Al preguntarles a los chicos: "¿Quién es Dios?" o "¿Qué es Dios?", los investigadores descubrieron que, a pesar de los antecedentes de la fe de los niños, cada uno "representa al dios que necesita".[3] La carta de "Querida Dios" es una prueba de eso.

Este es el segundo criterio que utilizamos para unir nuestro mosaico de Dios: *El Dios que "necesitamos"*. Si desesperadamente necesitas apoyo y estructura para tu vida caótica, entonces moldearás a un Dios como un Creador que lo apoya todo. Si fueras un miembro de la familia más disfuncional del *Libro de récords mundiales de Guiness*, entonces es posible que intentarías moldear a un Dios que fuera un Padre que lo acepta todo (pero tu relación será tensa). Si te declaras en bancarrota más a menudo de lo que renuevas tu licencia de conducir, entonces Dios existirá principalmente como tu "agente de préstamos celestial". Y si eres como un lagarto en la gran red de alcantarillas subterráneas de Nueva York, que luchas por mantenerte a flote en los residuos de la vida con absolutamente nada de dirección, entonces Dios funcionará como tu guía de viajes servicial, que te lleva hacia la luz al final del túnel. Pero si eres increíblemente exitoso, y sientes que necesitas los servicios oportunos de Dios, entonces quizás nunca pienses mucho en Dios, hasta que, quizás, te sobrevenga un desastre.

> NUNCA LLEGARÁS A UN ENTENDIMIENTO GENUINO DE DIOS, HASTA QUE DEJES DE CREAR A DIOS COMO ALGO QUE ÉL NO ES.

Al final de siglo veinte estaba la locura del gran Pokémon (monstruos pequeños de bolsillo) entre los niños, a través de la cual los niños llevaban tarjetas llamativas de Pokemon en sus bolsillos, y las intercambiaban, cuando querían, con sus amigos y enemigos. Una locura similar puede encontrarse ahora en el mundo de los adultos.

> ESTA TENDENCIA DE LA ESPIRITUALIDAD GLOBAL YA TUVO ÉXITO AL DEGRADAR A DIOS A UN SER UNIDIMENSIONAL, CASI OBSOLETO, QUE EXISTE SÓLO PARA SATISFACER NUESTRAS NECESIDADES, SIN CRUZARSE EN EL CAMINO DE NUESTRAS CONCIENCIAS.

Al cavar en la ropa sucia de nuestra sociedad, descubrimos que un "Pokémon" elegante está reemplazando gradualmente al único Dios verdadero de la Biblia. Poseemos, en el mejor de los casos, un "Pokédios" (dios de bolsillo) impersonal, nada pretensioso y bidimensional que metemos en nuestros bolsillos, y que nos hace sentir un hormigueo y espirituales. De vez en cuando sacamos nuestras valiosas tarjetas para impresionar a nuestros amigos. O, a la hora de la verdad, metemos la mano en nuestros bolsillos, para consolarnos por que nuestro preciado "Pokédios" todavía está con nosotros. O a veces vemos el "Pokédios" de alguien más que nos gusta más, y rápidamente cambiamos el nuestro, en un esfuerzo de "tenerlo todo". Muchas similitudes existen entre los "Pokés"; a diferencia de la fiebre efímera del Pokémon, no obstante, la gran locura del "Pokédios" está aquí para quedarse.

Al ver hacia afuera, instintivamente, razonamos el carácter de Dios junto con dos criterios:

1. El Dios con el que podemos vivir
2. El Dios que necesitamos

Ahora, podrías pensar que el Dios que *realmente* necesitamos automáticamente sería el Dios con el que podemos vivir, pero ese no es el caso usualmente. Ya que la mayoría de nosotros ve la vida desde una perspectiva horizontal, nuestras prioridades y necesidades frecuentemente están definidas por deseos terrenales, no deseos celestiales. Como resultado, a menudo nos encontramos haciendo acuerdos por casas más grandes, automóviles más nuevos, carreras atractivas, y una salud perfecta, para proceder con la pareja perfecta. Mi amigo Dave no estaba demasiado lejos de la verdad cuando dijo: "[Dios es] en lo que cree la gente que tiene necesidad del alma para hacerlos sentir más cómodos en la vida". Mucha gente con necesidad moldea a Dios como su "botones cósmico" cuyo único propósito es satisfacer toda necesidad y deseo.[14]

Habiendo dicho esto, no tienes que tener la "necesidad" de moldear a Dios como alguien que no es. No hay mucha diferencia si eres el agnóstico más famoso de los Estados Unidos, o el evangelista más famoso del mundo, si tratas de razonar el carácter de Dios en tu mente sin utilizar las pasaderas adecuadas que se han provisto en la Palabra de Dios. Siempre inventarás un dios falso con el que puedas vivir, o un dios obsoleto sin el cual no puedes vivir.

Tristemente, a menudo excluimos al Dios que *realmente* necesitamos: un Dios que es totalmente santo, justo, recto, amoroso y sabio y que nos ofrece un filet mignon divino de primera, a cambio de nuestro aburrido régimen diario de hamburguesas de $1.69; bendiciones espirituales eternas a cambio de emociones materiales efímeras; rectitud impartida a cambio de "salvación" por sí mismo; vida eterna a cambio de tener una vida de hedonismo. Por raro que parezca, este no es un Dios con el que muchos pueden vivir.

Cualquiera que sea tu opinión de Dios, puedes estar seguro de esto: *Nunca* llegarás al entendimiento genuino de nuestro más increíble Dios hasta que no hayas tirado este criterio destructivo y dejes de crear a Dios como algo que no es. Dios no es tu amoroso guía de turista, tu "agente celestial de préstamos", ni tu "botones cósmico", que salta para servirte cuando le haces una señal para llamarlo. Dios no puede ser un esclavo de nuestro exigente Diseño Inteligente. Desafortunadamente, esta tendencia de espiritualidad global ya ha tenido éxito al degradar a Dios a un ser unidimensional, casi obsoleto, que existe sólo para satisfacer nuestras necesidades sin cruzarse en el camino de nuestras conciencias.

¿Cual es *tu* opinión de Dios?

EL CUADRO GLOBAL

El psicólogo estadounidense Philip Rieff previó que "la nueva cultura terapéutica diluiría la fe religiosa al punto de una "espiritualidad" de uso múltiple". La parte increíble de la declaración de Rieff no fue tanto lo *que* dijo, sino que predijo que esta "espiritualidad" de uso múltiple" hace como cuarenta años.[15] Aunque fue catalogado como "un sociólogo muy poco elegante de su época,"[16] Rieff sí merece crédito por esta profecía intuitiva.

¿O no?

Hace casi dos mil años, mientras estaba exilado en la pequeña isla de Patmos, el apóstol Juan fue obligado a hacer trabajo duro como prisionero en las minas oscuras. A pesar de sus arduos días y entorno sombrío, el apóstol aún logró escribir el libro de Apocalipsis bajo la mano inspiradora de Dios. En él, Juan previó el día en que existiría una economía mundial, un gobierno mundial y una religión mundial (Ap. 13).

Por supuesto, hace cien años, la gente se caía de sus sillas de la risa. ¿Cómo podría suceder todo esto? ¿Rusia, Alemania Oriental y los Estados Unidos de América bajo un sistema monetario? ¿Gran Bretaña y China adorando a la misma entidad? ¿Cada país bajo el liderazgo de una persona? ¡Sería totalmente imposible? ¡Ridículo!

Ahora nadie se ríe. Nos acercamos a la realización de tales eventos históricos como se esboza en el libro de Apocalipsis. Los violentos ataques terroristas están obligando al mundo a unirse para contraatacar. Unirse no está mal, pero tenemos que admitir que esta unificación será un catalizador importante para un orden nuevo mundial que se erige para vigilar esos asuntos internacionales como el lavado de dinero, falsificaciones, abusos de los derechos humanos, actividades terroristas, desarme y regulación de armas nucleares. Finalmente, las "guerras santas" llegarán a ser tan comunes, y tan odiadas, que el mundo presionará para unirse en una religión global.[17] Y esta espiritualidad personal de moda encaja perfectamente en el gran esquema de una religión mundial, porque convenientemente derriba todas las barreras religiosas.

Los hindúes creen que no importa qué dios adores, porque será un dios hindú. Una nueva generación de budistas, dispuestos a desterrar todas las reglas, cree que un poder supremo existe en todos.[18] Algunos musulmanes están diciendo que si crees en un ser superior entonces eres musulmán de corazón. Y si no los une a todos, entonces los "sentimientos" o las experiencias lo harán. Como lo dijo un cristiano protestante: "El interés en la espiritualidad está más relacionado con experimentar sentimientos que en meter ideas espirituales. La 'Espiritualidad' tiene el potencial de ser un ente integrador de la vida de toda la gente en todas partes."[19]

Realmente no importa qué creas, o en quién creas; todos están adorando al mismo dios o fuerza, con la meta final de llegar a ser más "espiritual", desarrollar o experimentar "sentimientos" terapéuticos para el alma. Sin crítica. Sin bien ni mal. Sin ataques terroristas. Sólo un gran y feliz fiestón espiritual global, con una invitación de bienvenida que sólo requiere que TTPE (traigas tu propia espiritualidad). "Así como el comunismo y el capitalismo se esfumarán de nuestra realidad," dice Shail Inayatullah, presidente de la Escuela de Estudios de Futuros de Queensland, Australia, "la religión también lo hará, y llevará a algún tipo de espiritualidad global."[20]

Cuando el Anticristo, el hombre a quien Satanás otorgará poderes para pelear contra Dios, finalmente llegue al escenario del mundo, casi toda la gente, sin importar a qué religión o sistema de fe pertenezca, se unirá para adorar al líder en sus formas "espirituales" únicas.

No falta mucho para eso.

TRISTEMENTE,
A MENUDO
EXCLUIMOS
AL DIOS QUE
REALMENTE
NECESITAMOS.

PISTA DE SALOMÓN # 1

Celebra ahora, pero saborea algo,
No será necesario que traigas lo que has ganado,
Porque puede venderse, perderse, negociarse, pero no se puede comprar.
Aunque muchos hayan luchado, no pueden tomarlo,
Por lo que cambia esa máscara por comprensión genuina,
Limpia las telarañas, deshazte del aura y de las alas.
Porque sólo hay un mapa hacia el tesoro buscado.
Elije el mapa equivocado, amigo, y sufre mucho.

8

Las claves de Salomón

Si Salomón todavía estuviera por aquí, ¿qué "pistas" nos ofrecería para nuestra búsqueda de un genuino entendimiento de Dios? (Estas son las pistas ficticias y útiles basadas en principios bíblicos y que nos dieron en el extraño espectáculo de juego al principio del libro).

Obtener un entendimiento apropiado de Dios exige que reconozcamos en dónde se diferencia de su tendencia insidiosa conocida como espiritualidad personal.

Primero, no puedes comprar ni vender una comprensión genuina de Dios. No puedes asistir a un seminario por seiscientos dólares ni comprar un manual para que catapulte instantáneamente tu "entendimiento" a niveles más altos. Seguro, puedes obtener un conocimiento de Dios en este libro, las piezas del rompecabezas, y yo puedo darte pistas de lo que te ayudará a organizar las piezas y apreciar cómo una pieza se relaciona con otra. Pero, a la larga, eres tú, el lector, el que debe arrodillarse para encajar las piezas del rompecabezas por ti mismo, y de ese modo formar una imagen de Dios en tu propio corazón. Porque eres tú, y sólo tú, quien debe elegir el camino que tomarás en esta búsqueda.

Segundo, no puedes intercambiar ni perder fácilmente un genuino entendimiento de Dios, a diferencia de la gente que cambia de religión o espiritualidad. No le dirías a tu hijo de cuatro años: "Jeffrey, me doy cuenta de que no sabes montar bicicleta, entonces vamos a hacer esto. Voy a intercambiar mi entendimiento y habilidad para montar bicicleta con tu ignorancia. ¿Está bien? Bueno, ahora súbete a la bicicleta y comienza a pedalear".

Tercero, no nos pueden quitar el entendimiento de Dios. Nerón, Hitler e innumerables personas más han luchado en vano por borrar la creencia en Dios del planeta. Millones han sido torturados, han estado en la cárcel, han sido decapitados y lanzados a los leones, aún así, nada sacudirá un entendimiento genuino de Dios del corazón de un verdadero creyente.

Qué quiso decir exactamente Salomón cuando dijo: "Por lo que cambia esa máscara por comprensión genuina".

Si observamos bien la frase *espiritualidad personal*, encontraremos que la palabra personal se deriva de la palabra "máscara" en latín.[1] Estas máscaras religiosas modernas, que representan esta espiritual personal altamente buscada que está cautivando nuestro mundo, podrían parecer algo fantástico y podrían ser los artículos de venta más atractivos del mercado, pero si ves muy de cerca te darás cuenta de que no tienen aberturas para los ojos. La gente por todos lados se está poniendo sus "máscaras espirituales", engañándose a sí mismos al pensar que son verdaderamente espirituales cuando, de hecho, están tropezando ciegamente en la vida, en búsqueda del camino correcto que, de alguna manera, los llevará al ser supremo.

LANZA LEJOS TUS RAZONAMIENTOS INEPTOS DE DIOS; AFÉRRATE A LO QUE DIOS EN REALIDAD NOS DICE DE SÍ MISMO EN SU PALABRA.

¿Alguna vez has buscado algo con los ojos tapados? Irónicamente, muchos están haciendo precisamente eso.

En la segunda mitad de la pista de Salomón, aconseja: "limpia las telarañas, deshazte del aura y de las alas". Antes de continuar nuestro viaje, tenemos que hacer una limpieza de casa total en nuestras mentes abarrotadas, para deshacernos de toda la polilla, de las baratijas de venta de garage y de las telarañas (los conceptos que anteriormente imaginamos de Dios) para que tengamos espacio para el *verdadero tesoro*. Aunque sea difícil, sinceramente te recomiendo que tires todos esos conceptos que no son tan ciertos e ideas imaginarias que han llegado a caballito a la puerta de tu mente en el lomo del razonamiento humanista y sentimientos (auras). No contamines tu mente con la adoración espiritual de diosas, madre tierra o ángeles (alas). En lugar de eso, analiza cuidadosamente tus creencias de Dios: ¿Están basadas sólidamente en la verdad? O, ¿están fundadas en hipopótamos, jarabe y Santa Claus? ¿Estás listo, con cada fibra de tu ser para buscar al único Dios verdadero del universo, a quien *necesitas*? ¿O te has relegado a vivir con un dios unidimensional, casi obsoleto que tú *quieres*?

La última línea de la pista dice: "Porque sólo hay un mapa hacia el tesoro buscado, elije el mapa equivocado, amigo, y sufre mucho". El camino hacia la intimidad con Dios está detallado sólo en un mapa. Casi todos nosotros tenemos acceso listo a este mapa, la Santa Biblia, aún así, tristemente algunos se aferrarán a un mapa falso en nuestra carrera hacia la espiritualidad personal.

Por lo que sinceramente te animo a que no te dejes llevar por esta publicidad exagerada de falsa espiritualidad que está sorprendiendo al mundo. No mires hacia adentro ni hacia afuera para buscar las respuestas de Dios, en lugar de eso, mira hacia arriba. Lanza más allá de tus razonamientos ineptos de Dios; aférrate a lo que Dios en realidad nos dice de sí mismo en su Palabra. Resiste la presión de moldear a Dios como un ser plano, unidimensional; más bien, contempla a Dios como nuestro Padre celestial supremo, que tiene dimensiones múltiples de tamaño infinito. No vacíes todos tus bolsillos en esas novedades que distraen la atención, como caminatas de bienestar espiritual, seminarios de ángeles y videos de cristales sanadores; en lugar de eso, vacía tu corazón de todas las ideas preconcebidas e imaginarias de Dios para hacer lugar para un entendimiento genuino del Todopoderoso.

No te decepcionarás, te lo aseguro.

GUÍA DEL LECTOR

PARA REFLEXIÓN PERSONAL O DISCUSIÓN DE GRUPO

CAPÍTULO 1
¿PUEDO TOMAR SU PEDIDO?

1. ¿Por qué la gente deja a Dios? ¿Alguna vez has tenido ganas de tirar "todo el asunto de Dios"? Si así es, ¿cuáles fueron las circunstancias?

2. En su experiencia como doctor, el autor ha observado que mucha gente que afirma tener una profunda fe religiosa reacciona con tanta ira hacia Dios cuando sobreviene alguna tragedia como los no creyentes. ¿Por qué es esto así? ¿Cuál es la diferencia entre ellos y otros creyentes que pueden experimentar la tragedia sin enojarse con Dios? ¿Hacia quién o qué se dirige su ira?

3. El autor promete "tomar los pedidos de los lectores" en cuanto a sus preguntas más difíciles acerca de Dios. ¿Cuál es su propósito al hacer esto? ¿Qué clase de Dios dice que "presentará"? ¿Cómo planea ocuparse de esto? ¿Crees que podrá lograr su meta?

CAPÍTULO 2
¡PIDE UN DESEO!

1. ¿Cuál es la diferencia entre el conocimiento de Dios y un profundo entendimiento de Dios? ¿Qué importancia tiene para nosotros esta diferencia? ¿Cómo obtenemos un profundo entendimiento de Dios?

2. ¿Son la felicidad y alegría que se manifiestan lo mismo que realmente poseer paz y gozo internos? Si no, ¿cómo se diferencian? ¿De dónde vienen la paz y el gozo internos?

3. ¿Cómo caracterizarías tu relación con Dios, como colección de hechos acerca de Dios, o como un entendimiento genuino de él? ¿Qué quiere decir el autor con la frase mosaico de Dios? ¿Cómo podemos ocuparnos de ordenar las piezas de nuestro mosaico para obtener un entendimiento apropiado de Dios?
4. ¿Cómo obtenemos una vida cambiada radicalmente?

CAPÍTULO 3
LA PREGUNTA DE LOS DIEZ MILLONES DE DÓLARES

1. ¿Cuál es la pregunta de los Diez Millones de Dólares? ¿Cuál es la respuesta correcta?
2. ¿Conoces gente que respondería de las diversas maneras que lo hicieron los concursantes en el programa de juego? ¿Qué le dirías a ellos como respuesta a sus opiniones?
3. Si Dios te visitara una noche y te concediera un deseo, ¿qué desearías? ¿Qué deseó Salomón?
4. ¿En qué se parece la búsqueda del tesoro divino a otras búsquedas de tesoros?

CAPÍTULO 4
HIPOPÓTAMOS, JARABE Y SANTA CLAUS

1. Qué piensas del método del autor de investigar lo que la gente piensa que Dios es? ¿Cuál es su propósito al realizar este estudio informal?
2. ¿Quién crees que tuvo la mejor pregunta a la pregunta de "quién es Dios"? ¿Quién tuvo la peor respuesta? ¿Cómo responderías esa pregunta? ¿Hace alguna diferencia cómo uno responda esa pregunta, o es igualmente válida cada opinión de quién es Dios?
3. ¿Qué piensas de la pregunta que Dave le haría a Dios, si, como él dijo, realmente Dios existiera? ¿Alguna vez te has decepcionado por la manera en que una iglesia (o iglesias) que has asistido te ha guiado en tu búsqueda de Dios?
4. Si alguien te arrinconara, ¿serías capaz de presentar un caso sólido de lo que crees de Dios y por qué? ¿Te es fácil compartir tu entendimiento de Dios con amigos, o más bien te es difícil?

5. ¿Qué te parecen las ilustraciones de Dios que tienen otras religiones? ¿De qué manera son distintas? ¿De qué manera son similares? ¿Cuál religión crees que es la más cercana al cristianismo?

CAPÍTULO 5
¿HA LLEGADO A SER OBSOLETO DIOS?

1. ¿Qué te parece la idea de Geoffrey Parrinder de que "la supervivencia de cada fe depende directamente de su capacidad de satisfacer las necesidades cambiantes del hombre"? ¿Qué tiene de bueno esta declaración? ¿Qué tiene de malo?

2. Parece que ha habido un cambio de entendimiento en Occidente de los entendimientos tradicionales acerca de Dios y hacia una espiritualidad autoabsorbida que podría o no tener algo que ver con Dios. ¿Te has dado cuenta de este cambio entre tus amigos? ¿Cómo crees que se explica esto?

3. ¿Por qué alguien querría ser espiritual sin Dios? ¿Siquiera tiene sentido esto?

CAPÍTULO 6
EL GRAN BUFÉ ESPIRITUAL

1. ¿Cómo define la espiritualidad la publicación American Demographics? ¿Qué, según esta fuente, son algunas de las características de la espiritualidad nueva? ¿Crees que tiene que haber una separación entre la cabeza y el corazón, entre el dogma y la experiencia, cuando se trata de espiritualidad?

2. ¿Proporciona esta nueva espiritualidad una manera de entender el verdadero significado de la vida? ¿Por qué sí o por qué no? ¿A qué lleva una "espiritualidad atea"?

3. El autor cita de un escritor de la revista Life: "Ya no me restrinjo a la fe de mis padres. Todas las religiones están esparcidas frente a mí, un gran bufé espiritual, y yo me sirvo, gracias". ¿Crees que funciona elegir y coger de una variedad de creencias religiosas para construir tu propia espiritualidad personalizada?

4. ¿Por qué es la espiritualidad personal un gran impacto ahora? ¿Cuál es el resultado irónico del "gran bufé espiritual"? ¿Qué piensas de la tendencia de crear a Dios a nuestra propia imagen? ¿Funciona esto? ¿Por qué sí o por qué no?

CAPÍTULO 7
EL CUADRO GLOBAL

1. Según Denise, una mujer que escribió a la revista Life, ¿a dónde debe ir la gente para que le digan qué es lo que define a Dios de mejor manera? ¿Qué te parece la idea? ¿Es una manera confiable de investigar acerca de Dios? ¿Por qué sí o por qué no?
2. ¿A cuál proceso llama el autor "una debilidad congénita inherente a la humanidad"? ¿Cuáles son los peligros de crear nuestro mosaico de Dios al utilizar este proceso?
3. Philip Rieff, un psicólogo destacado, afirmó que "la nueva cultura terapéutica diluiría la fe religiosa a una "espiritualidad" amorfa, de usos múltiples". ¿Qué es tan extraordinario de esta declaración? ¿Crees que ha llegado a ser cierta o no?

CAPÍTULO 8
LAS CLAVES DE SALOMÓN

1. ¿Qué son las claves de Salomón?
2. ¿Cuál es el único mapa que nos permitirá seguir en el camino hacia la intimidad con Dios?
3. Qué obstáculos debemos evitar en nuestra búsqueda de intimidad con Dios? ¿Qué principios positivos podemos emplear?

Notas

Introducción
Cómo enfocarnos en nuestro objetivo

1. Casale Media, http://creative-quotations.com/one/694a.htm (accesado el 5 de enero de 2006). Esta es una traducción moderna del texto en latín del libro de Kempis: *La Imitación de Cristo*, libro 3, capítulo 3.

2. Si estás buscando un tratado filosófico que trate la existencia de Dios, te recomiendo seriamente que leas a Norman L. Geisler y Paul D. Feinberg: I*ntroduction to Philosophy: A Christian Perspective (Introducción a la Filosofía: Una Perspectiva Cristiana)* (Grand Rapids, MI: Baker Book House, 1980).

Capítulo 1
¿Puedo Tomar su Pedido?

3. Jack Miles, God: *A Biography (Dios: Una Biografía)* (New York: Alfred A. Knopf, 1995), 232.

4. George Gallup, hijo, "Gallup index of leading religious indicators (Índice Gallup de principales indicadores religiosos)", *The Gallup Poll Tuesday*, (12 de febrero de 2002), www.gallup.com. También ver a Linda Lyons, "Age Religiosity, and Rural America (Edad, Religiosidad y los Estados Unidos Rurales)" *The Gallup Poll Tuesday Briefing)*, 11 de marzo de 2003, www.gallup.com.

5. Encuesta Gallup, citada por Charles Austin: "Easter´s Perennial Message of Faith, Hope and Comfort (El Mensaje Perenne de la Pascua de Fe, Esperanza y Consuelo)", *The Record*, 23 de abril de 2000, a01.

6. George Gallup, hijo, "Poll Analyses: Americans More Religious Now Than Ten Years Ago, but Less So Than in 1950's and 1960's (Análisis de Encuestas: Los Estadounidenses son Más Religiosos Ahora que Hace Diez Años, pero Menos que en los Años Cincuenta y Sesenta)", Gallup News Service (Servicio de Noticias Gallup, 29 de marzo de 2001, www.gallup.com.

7. Philip Yancey escribe: "Los que le entregan su vida a Dios, sin importar nada, instintivamente esperan algo a cambio [por parte de Dios]". Creo (Como estoy seguro que Yancey también) que más de los que están entregados a Dios son los que esperan algo de Dios. Philip Yancey, *Disappointment with God (Desengaño de Dios)* (Grand Rapids, MI: Zondervan, 1988), 37.

8. *Enciclopedia Columbia*, Quinta Edición (New York: Columbia University Press, 1993).

9. La Iglesia Agnóstica: "Why Agnostics Can Believe in God" [Por qué los agnósticos pueden creer en Dios], http://www.agnostic.org/BIBLEC-09.htm#P417 109441. El portal señala: "La naturaleza desconocida de Dios incluye cualquier especificación de si Dios es singular o plural, de esa manera, los agnósticos no pueden ser realmente clasificados como monoteístas (Dios singular) o politeístas (Dioses múltiples), (accedido el 29 de agosto de 2004).

10. J. I. Packer, *Knowing God (Cómo Conocer a Dios)* (Downers Grove, IL: Inter-Varsity Press, 1973), 14–15.

11. J. B. Phillips, *God Our Contemporary (Dios Nuestro Contemporáneo)* (New York: The Macmillan Company, 1960), 9.

12. J. D. Douglas, Philip Wesley Comfort, y Donald Mitchell. *Who´s Who in Christian History (Quién es Quién en la Historia Cristiana)*. Illustrated lining papers (Wheaton, IL.: Tyndale House, 1997), Logos e-book.

13. Gerard Reed, *C. S. Lewis and the Bright Sahdow of Holiness (C. S. Lewis y la Sombra Brillante de la Santidad)* (Kansas City, MO: Beacon Hill Press, 1999), 9.

14. Billy Graham, citado en "Featured Author: Josh McDowell (Autor Especial: Josh McDowell)", http://www.leftbehind.com/channelinteract.asp?pageid=498&channelID=79 (accedido el 29 de agosto de 2004).

15. Phillips, *God Our Contemporary (Dios Nuestro Contemporáneo)*, 10.

Capítulo 2
¡Pide un Deseo!

16. A. W. Tozer, *The Knowledgeof the Holy (El Conocimiento del Santo)* (New York: Harper & Row, 1961), 35.

17. George Barna y George Gallup, hijo, "It all adds up: Religion surveys find us more spiritual, less faithful (Todo tiene sentido: Los estudios sobre religión nos encuentran más espirituales y menos fieles)", *The Dallas Morning News*, 26 de diciembre de 1998, IG. (La verdad es que los que se denominan nacidos de nuevo o los que son catalogados como nacidos de nuevo quizá no sean realmente nacidos de nuevo).

18. Ravi Zacharias, *Jesus Among Other Gods (Jesús Entre Otros Dioses)* (Nashville: Word, 2000), 13.

19. Robert P. Lightner, *The God of the Bible (El Dios de la Biblia)* (Grand Rapids, MI: Baker Book HOuse, 1978), 9.

20. Juan Calvino, *The Knowledge of God the Creator: Book One of the Institutes of the Christian Religion, (El Conocimiento de Dios el Creador: Tomo Uno de Las Ordenanzas de la Religión Cristiana)*, trad. Al inglés por Henry everidge (Grand Rapids, MI: Douma Publications, n.d.), 38.

21. Agustín, *Confessions (Confesiones)*, ed. Henry Chadwick (New York: Oxford University Press, 1998).

22. Calvino, *The Knowledge of God the Creator (El Conocimiento de Dios el Creador).*

23. Lightner, *The God of the Bible (El Dios de la Biblia)*, 9.

24. Tozer, The Knowledge of the Holy (El Conocimiento del Santo), 9.

25. Rallph Waldo Emerson, citadoopor Michael Horton, "The Agony of Deceit (La Agonía de la Mentira) *The Agony of Deceit (La Agonía de la Mentira)*, ed. Michael Horton (Chicago: Moody Press, 1990), 23.

26. "Knowledge (Conocimiento)", *Similes Dictionary (Diccionario de Símiles)* (1 de julio de 1988), [En línea] Biblioteca Electrónica, Canadá.

27. Dr. Joe Mikhael, MD, cinta magnetofónica (L'Amable, Ontario, Canadá: L'Amable Bible Chapel, 4 de noviembre de 2001).

Capítulo 3

La Pregunta de los Diez Millones de Dólares

27. William Hamilton parafraseado por Charles Hodge, *Systematic Theology, Vol. 1 (Teología Sistemática, Vol. 1)* (Grand Rapids, MI: Wm. B. Eerdmans, reimpreso 1977), 351.

28. William Hamilton citado por *Hodge en Systematic Theology (Teología Sistemática)*, Vol. 1, 351.

29. "Mas alábese en esto el que se hubiere de alabar: en entenderme y conocerme, que yo soy Jehová, que hago misericordia, juicio y justicia en la tierra; porque estas cosas quiero, dice Jehová". La palabra *entenderme* en Jeremías 9:24 se utiliza en varias traducciones*. Esta palabra viene de la palabra hebrea *sakal* (conjugación = *hiphil)* que quiere decir "tener perspicacia", "considerar", "tener comprensión", "actuar sabiamente" *(Enhanced Strong's Lexicon [Léxico Mejorado de Strong]*, Oak Harbor, WA: Logos Research Systems, Inc., 1995). Al examinar otros versículos de la Biblia donde la palabra hebrea *sakal* se utiliza, parecería que este entendimiento recae más en un conocimiento intelectual (o perspicacia) que hacia un entendimiento que totalmente comprende, o discierne algo o alguien (cf. 1 Cr. 28:19). Un poco distinto a la palabra hebrea *sakal*, la palabra hebrea *biyn* significa discernir, entender, ser inteligente, conocer (con la mente) según el léxico de Strong. El término *biyn* recae

en un entendimiento que discierne más profundamente la naturaleza complicada de algo o alguien (ver Prov. 28:5). Con la posible excepción de Isaías 43:10, esta palabra hebrea *biyn* nunca se utiliza en cuanto a un real entendimiento completo de la esencia genuina de Dios (Nota: la palabra hebrea *biynah* (*de biyn*) se traduce "inteligencia" en provervios 9:10b: "el conocimiento del Santísimo es la inteligencia [o discernimiento—*Strong*]"). La palabra *inteligencia* de Proverbios 9:10 y la palabra *conocer* de Jeremías 9:24 ambas se derivan en última instancia de la misma palabra hebrea *yada*, que le otorga una relación cercana como la de una relación í3:12), pero que podemos conocerlo clara y evidentemente (Gál. 4:9). Entre tanto que la combinación de una relación íntima y un entendimiento mortal limitado de nuestro Padre celestial sobrepasa al simple conocimiento intelectual, sí se queda corto de obtener un entendimiento completo de la esencia genuina de Dios. De allí que podemos entender a Dios un poco.

---

* Nota de la traductora: En el libro en inglés se mencionan nueve traducciones de la Biblia en inglés que contienen esa traducción de la palabra *sakal*. No las he mencionado ya que no es pertinente en español.

Capítulo 4
Hipopótamos, Jarabe y Santa Claus

30. David Heller, *Talking to Your Child Ab out God (Cómo Hablarle a Tu Hijo de Dios)* (New York: Bantam Books, 1988), 68.

31. Entrevista llevada a cabo, Brancroft, Ontario, Canadá, 1 de abril de 2000.

32. Entrevista llevada a cabo, L'Amable, Ontario, Canadá, mayo de 2000.

33. Entrevistas llevadas a cabo con adultos, Bancroft, Ontario, Canadá, mayo-junio 2000.

34. Se ha cambiado el nombre.

35. Estudio de la Universidad de Michigan que se cita en "Religious Sevice Attendance Dropping (Caída en la Asistencia a Servicios Religiosos)", United Press International (15 de enero de 2000).

36. La fecha de nacimiento y período de vida de San Juan Damasceno se reportan de manera diferente, según la fuente.

37. Yoko Ono en una entrevista con Abram Deswaan para la televisión holandesa, octubre de 1968, citqado en *Creative Quotations for Creative Thinkig (Citas Creativas para Un Pensamiento Creativo)*, http://creative-quotations.com/one/1200.htm (accedido el 5 de marzo de 2003).

38. Connie Robertson, ed., *The Wordsworth Dictionary of Quotations (Diccionario Wordsworth de Citas)* (Ware, Hertfordshire: Wordsworth Editions Ltd., 1996), 225.

39. Estas son citas reales de Platón y Nietzsche que Byrne puso juntas en secuencia para un efecto cómico, en Robert Byrne, ed., 1,911 *Best Things Anybody Ever Said (Las 1,911 Mejores Cosas que Cualquiera Haya Dicho)* (New

York: Ballantine Books, 1988), 6; orig. Pub. Como The 637 *Best Things Anybody Ever Said (Las 637 Mejores Cosas que Cualquiera Haya Dicho), The Other 637 Best Things Anybody Ever Said (Las Otras 637 Mejores Cosas que Cualquiera Haya Dicho)* y *The Third and Possibly the Best 637 Best Things Anubody Ever Said (Las Terceras y Posiblemente las Mejores 637 Mejores Cosas que Cualquiera Haya Dicho)* (Tres Tomos, 1982-1986).

40. Josh McDowell, *The Best of Josh McDowell: A Ready Defense (Lo Mejor de Josh McDowell: Una Defensa Lista)*, Bill Wilson, compilador (Nashville: Thomas Nelson, 1993), 280–81; pub. orig. (San Bernardino, CA: Here's Life Publishers, 1990).

41. Khalil Abdullah, "Karma Thegsum Choling Dallas", *The Dallas Morning News*, 16 de noviembre de 1996, 2G.

42. Ibid.

43. Ben Barber, "Merit and Magic: Budism Faces Modernity in Thailand (Mérito y Magia: El Budismo Enfrenta al Modernismo en Tailandia)" *The World and I (El Mundo y Yo)*, Vol. 13 (1 de abril de 1998), 216.

44. Nicole Gaouette, "Japan's Search for Spirituality (La Búsqueda del Japón de Espiritualidad)" *The Christian Science Monitor*, 8 de octubre de 1998, Sección de Artículos.

45. Suwanda Sugunasiri, "Buddhists Keep Faith in Many Cultures (Los Budistas Conservan la Fe en Muchas Culturas)" *The Toronto Star*, 25 de abril de 1998.

46. Richard Gere, citado por David Ragan: "Some stars believe in God (and some don't (Algunas estrellas creen en Dios [y otras no])", *Cosmopolitan*, 1°. de noviembre de 1995, 252-56.

47. Según el siguiente artículo, Siva is the "Creator, Preserver and Destroyer of all existence (Siva es la "Creadora, Conservadora y Destructora de toda la existencia)". Who is Siva? Understanding God as He is Worshipped at Kauais's Hindu Temple (¿Quién es Siva? Cómo Entender a Dios como lo Adoran en el Templo Hindú de Kauais) *Hinduism Today,* 31 de diciembre de 1998, 7.

48. David J. Goa y Harold G. Coward, "Hinduism (Hinduismo)" *The 1998 Canadian & World Encyclopedia (Enciclopedia Mundial Canadiense de 1998)* (Toronto: McClelland & Stewart, 1998).

49. Deborah Kovach Caldwell, "Hinduism the next generation: Born in the U.S.A. Indian GenXers are forcing their faith to come of age (Hinduismo la próxima generación: Nacidos en los E.U.A., los indios de la Generación X están obligando a su fe a que madure)", T*he Dallas Morning News*, 20 de febrero de 1999, IG.

50. Ibid.

51. "El Sr. Eickelman [antropólogo de Dartmouth] cita al pensador musulmán sirio Mohammed Shahrur, que propone la idea unificadora de que todos los humanos creyentes son musulmanes de corazón.

"Siempre y cuando no rechace la idea de un Ser Supremo usted es musulmán", enseña el Sr. Shahrur". Larry Withman, "Major changes forseen in religious expression: Space; The Spirit: Space travel, technology may help to shape (Cambios importantes previstos en la expresión religiosa: Espacio; El Espíritu: Viaje espacial, la tecnología podría ayudar a moldear)". *The Washington Times,* 31 de diciembre de 1999, A1.

52. O Sura 5:51, dependiendo de la traducción.

53. Norman L. Geisler y Abdul Saleeb, *Answering Islam: The Crescent in Light of the Cross (Cómo Responder al Islam: La Medialuna a la Luz de la Cruz)*, 2ª. Ed. (Grand Rapids, MI: Baker Books, 2002), libro electrónico Logos, 212.

54. No hay duda de que los enemigos de Cristo entendían que Cristo se llamaba a sí mismo Dios. En varias ocasiones, como se registra en los evangelios (por ejemplo Juan 10:36), a Cristo se le acusa de blasfemia. Si cristo fue efectivamente un profeta de Alá, o sólo un maestro religioso, entonces se habría salido de su camino para asegurarse de que nadie lo malentendiera cuando dijo que él era el "Hijo de Dios".

55. O Sura 5:75, dependiendo de la traducción.

56. O Sura 5:9, dependiendo de la traducción.

57. No hay evidencia creíble histórica de que las verdades de la Santa Biblia fueran manipuladas por los cristianos y los judíos como lo creen muchos musulmanes.

58. El Dr. Robert Morey ha investigado las raíces históricas del islam y ha llegado a la conclusión de que "Alá" o "Alilah" era el nombre del dios luna, uno de más de trescientos dioses que adoraban cuando Maoma entró a la Meca. Se piensa que Maoma sacó a todos los demás dioses y proclamó a "Alá", el dios luna, como el único dios soberano. Esto se evidencia con la luna creciente en las banderas de los países musulmanes. Robert Morey, *The Moon-god Allah in the Archeology of the Middle East (El Dios Luna Alá en la Arqueología del Medio Oriente)* (Eugene, OR: Harvest House, 1992), 8, citado por John MacArthur, Terrorism, Jihad, and the Bible *(Terrorismo, Jihad y la Biblia)* (Nashville; W Publishing Group, 2001), 41

Capítulo 5
¿Ha Llegado a Ser Obsoleto Dios?"

59. Barna y Gallup, "It all adds up (Todo tiene sentido)".

60. Thomas Altizer, parfrasseado por Patricia Rice y Victor Volland: "Lugares llenos: la asistencia crece rápidamente en los lugares de adoración, desafiando las predicciones de declive en la religión". *St. Louis Postdispatch*, 26 de noviembre de 1995, 01D.

61. En una encuesta de Gallup, realizada en enero de 1970, el setenta y cinco por ciento de los estadounidenses que fueron entrevistados dijeron que la religión estaba perdiendo influencia en los Estados Unidos. En febrero de 1962, sólo el treinta y dos por ciento creía lo mismo. "Temas y tendencias de Entrevistas: Religión (Poll topics and trends: Religion)", (www.gallup.com).

62. Rice y Volland, "Full Houses (Lleno Completo)".

63. Mary Rourke, "Redefining Religion in America, Pat One (Cómo Replantear la Religión en los Estados Unidos, Parte Uno)", *Los Angeles Times*, 21 de junio de 1998, A1.

64. Geoffrey Parrinder, T*he Faiths of Mankind (Las Creencias de la Humanidad)* (New York: Tomas Y. Crowell, 1965), Cubierta trasera de libro, pub. orig. Como *The World's Living Religions (Las Religiones Vivas del Mundo)* (Great Britain: n.p, n.d.).

65. Eugene Taylor, "Desperately seeking spirituality (Desesperadamente en Busca de la Espiritualidad)", *Psychology Today,* 27 (1°. De noviembre de 1994) 54-64.

66. Austin, "Easter's Perennial Message (El Mensaje Perenne de la Pascua)".

67. Peter Jennings, "Poll on Importance of Religion in America (Encuesta sobre la Importancia de la Religión en los Estados Unidos)", *World News Tonight with Peter Jennings,* ABC, 28 de marzo de 1997.

68. Katherine Kersten, "More religious than ever? Modern American faith increasingly drained of content (¿Más religiosos que nunca? La Fe Moderna de Los Estados Unidos cada vez más agotada de contenido)", *Minnepolis Star Tribune*, 20 de noviembre de 1996, 17A.

69. Austin, "Easter's Perennial Message (El Mensaje Perenne de la Pascua)".

70. Barna y Gallup, hijo, "It all adss up (Todo tiene sentido)".

71. Rourke, "Redifining Religion in America (Cómo Replantear la Religión en los Estados Unidos).

72. Según Phillis Tickle, editor que participa en religión en *Publisher's Weekly*, invitado en Neal Conan, "Analysis: Post-September 11th spirituality (Análisis de la espiritualidad después del 11 de septiembre)", *Talk of the Nation*, NPR, 22 de noviembre de 2001.

73. George Gallup, hijo, "Religion and Values: Americans Feel Need to Believe (Religión y Valores: Los Estadounidenses Sienten la Necesidad de Creer)", (15 de enero de 2002), www.gallup.com.

74. "Poll Analyses: Religion in the Aftermath of September 11: A question-and-answer ssession with George Gallup, Jr., y Frank Newport (Análisis de Entrevista: Religión tras la Desgracia del 11 de septiembre: una sesión de preguntas y respuestas con George Gallup, hijo, y Frank Newport)" (21 de diciembre de 2001), www.gallup.com.

75. David W. Moore, "Passion Viewers Passionate About the Movie: Three in four Americans have seen or expect to see it (Los Espectadores de la Pasión están Apasionados con la Película: Tres de cuatro estadounidenses la han visto o esperan verla)", *The Gallup Poll Tuesday*, (12 de marzo de 2004).

76. Phil Kloer, "Emocionado por "La Pasión": A medida que la Pascua se Acerca, muchos dicen que la película de Jesús ha cambiado sus vidas", *The Atlanta Journal and Constitution*, 9 de abril de 2004, H1.

77. ""Passion of the Christ" Prompts Confession ("La Pasión de Cristo" Provoca Confesión)", United Press Internatoinal, (25 de marzo de 2004).

78. Rick Holland, Question asked of Grace to You (Pregunta de Gracia para Ti). http://www.gty.org/IssuesandAnswers/archive/thepassion.htm (accedido el 11 de3 abril de 2004).

79. Hanna Rosin, "Personal Spirituality (Espiritualidad Personal), *The Tampa Tribune* (29 de enero9 de 2000), 4.

80. George H. Gallup, hijo, "Americans' Spiritual Searches Turn Inward (Las Búsquedas Espirituales de los Estadounidenses se vuelcan al Interior)", (11 de febrero de 2003), www.gallup.com.

81. D. Michael Lindsay, "Youth on the Edge: A Profile of American Teens (Results of a Gallup Youth Survey) (La Juventud al borde: Perfil de Adolescentes Estadounidenses [Resultados de Un Estudio Gallup Sobre Jóvenes]), The Christian Century, 120 (4 de octubre de 2003), 26.

82. Barna y Gallup, "It all adds up (Todo tiene sentido)".

82. Cathy Lynn Grosssman, "Charting unchurched America (Cómo Darle Seguimienteo a Los Estados Unidos sin iglesia), *USA Today*, 7 de marzo de 2002, 01D.

83. Ibid.

84. Nolan Zavoral, "Cómo Buscar el ahora: Podría parecer simple, pero el Zen puede ser muy exigente. En la tranquilidad de la meditación, los seguidores intentan dejar que sus pensamientos piensen por sí solos". *Minneapolis Str Tribune*, 24 de mayo de 1997, 05B.

85. Ruth Shalit, que cita el programa de Showtime tituldado "Rude Awakening" cuando fue invitada en la National Public Radio (NPR): Ray Suarez, "Angels", Washington, DC, (8 de diciembre de 1998). Entre tanto que la mayoría del diálogo del episodio es palabra por palabra, la Srita Shalit ha parafraseado partes de él.

Capítulo 6
El Gran bufé espiritual

86. D. Martyn Lloyd-Jones, *Love So Amazing (Amor Tan Increíble)* (Lottbridge Drove, England: Kingsway Publications, 1995), 208.

87. Eugene Taylor, "Desperately seeking spirituality (Desesperadamente en Busca de la Espiritualidad)", *Psychology Today*, 27 (1°. De noviembre de 1994) 54-64.

88. Richard Cimino y Don Lattin, "Choosing My Religion (Yo Elijo Mi Religión) American Demographics 21 (1°. de abril de 1999).

89. George H. Gallup, hijo, "Americans' Spiritual Searches Turn Inward (Las búsquedas espirituales de los estadounidenses se dirigen al interior)" (11 de febrero de 2003), www.gallup.com.

90. Paul S. Mueller, et al., "Religious Involvement, Spirituality, and Medicine: Implications for Clinical Prctice"

(Participación Religiosa, Espiritualidad y Medicina: Implicaciones para la Práctica Clínica), Mayo Clinic Proceedings, 2001; 76: 1225-35.

91. Melanie Cooper-Effa, et al., "Role of Spirituality in Patients with Sickle Cell Disease (El Papel que Juega la Espiritualidad en Pacientes con Drepanocitosis)", *J Am Board Fam Parct* 14 (2001): 116-22. Estudio citado en este artículo sobre este tema es el de Ellison CW., "Spiritual well-being: conceptualization and measurement (Bienestar Espiritual: conceptualización y medida)", *J Psychol Theol* II 11 (1983): 330-40.

92. John MacArthur, "God: Is He? Wo is He? (Dios: ¿Existe? ¿Quién Es?)" cinta # GC 1351, Grace to You.

93. Mary Otto, "A Church away from Church: Home Altars Provide the Intimate Touch for Prayer (Una Iglesia lejos de la Iglesia: Altares Domésticos Proporcionan el Toque Íntimo para la Oración), *The Washington Post*, 4 de enero de 2004, A1.

94. Cimino y Lattin, "Choosing my Religion (Yo Elijo mi Religión)

95. Frank McCourt, "God in America: When You Think of God What Do You See? (Dios en Los Estados Unidos: Cuando Piensas en Dios, ¿Qué Ves?)" *Life*, 1°. De diciembre de 1998, 60.

96. Joseph Carroll, "Religion is "Very Important" to 6 in 10 Americans (La Religión es "Muy Importante" para seis de cada diez estadounidenses)" *The Gallup Poll tuesday Briefing*, 24 de junio de 2004.

97. Michelle Bearden, "Americans Lack Faith in Religion, Poll Shows (A Los Estadounidenses les Falta Fe en la Religión, Demuestra la Encuesta)", *The Tampa Tribune*, 9 de enero de 2003, 1.

98. Albert L. Winseman, "Faith Renewed? Confidence in Religion Rises (¿Fe Renovada? Confianza en los Surgimientos de Religión)" *The Gallup Poll Tuesday Briefing*, 22 de junio de 2004.

99. Lloyd-Jones, *Love So Amazing (Amor Tan Increíble)* (Lottbridge Drove, England: Kingsway Publications, 1995), 208.

100. Francis A. Schaeffer, *The God Who Is There El Dios que Está Allí)* (London: Hodder and Stoughton, 1968), 144.

101. Rourke, "Redifining Religion in America (Cómo Replantear la Religión en los Estados Unidos).

102. Rosin, "Personal Spirituality (Personalidad Espiritual)".

103. Ibid.

104. Cimino y Lattin, "Choosing my Religion (Yo Elijo mi Religión)

105. Paul Johnson, *The Quest for God (La Búsqueda de Dios)* (New York: Harper Zperennial, 1996), 4, pub. orig. (Gran Bretaña: Weidenfeld & Nicolson, Orion House, 1996).

106. McCourt, "God in America (Dios en Los Estados Unidos).

107. Kersten, "More religious than ever? (¿Más Religiosos que Nunca?)

108. Associated Press, "La Mayoría Cree que Dios es el Mismo en Todas Las Religiones: Creencias: La mayoría en un estudio de los Estados Unidos también dice que no existe tal cosa como la verdad absoluta", *Los Angeles Times*, 7 de septiembre de 1991, F-15.

109. Una fuente atribuye la idea "Dios ayuda a los que se ayudan" a Benjamín Franklin, mientras que otra dice que es un proverbio que existe en todos los idiomas; el uso más antiguo en inglés fue en *Discourse Concerning Government (Discurso Acerca del Gobierno)*, 1698. Sin importar quién sea el responsable de la cita, la Biblia la contradice fuertemente en varios pasajes.

110. Kersten, "More Religious Than Ever? (¿Más Religiosos que Nunca?)

111. Carol Eisenberg, "Los Estados Unidos reciben religión (pero ¿reciben religión los estadounidenses?) La conversación de Dios está por todos lados. Para algunos, es un despertar espiritual, para otros, es un artículo de la cultura popular", *Newsday*, 12 de abril de 2004, B02.

112. Barna y Gallup, "It all adds up (Todo tiene sentido)".

113. Jon Tevlin, "Nueva Era, nuevo mercado: El auge en la así llamada Nueva Era o espiritualidad alternativa ha estimulado a un mercado de consumo que aumenta desde libros de ángeles a ajustes de aura", *Minneapolis Star Tribune*, 24 de octubre de 1999, 01E.

114. Año de Espiritualidad 2003-2004 (Programa de Espiritualidad de la Iglesia Presbiteriana de Canadá), *Presbyterian Record*, 1°. De julio de 2003.

115. Jon Tevlin, "Nueva Era, nuevo mercado".

116. Cimino y Don, "Yo Elijo Mi Religión).

117. Eisenberg, "Los Estados Unidos Reciben Religión".

118. Stephen Batchelor resumido en "Devout's not out anymore: Hollywood gets religion (Ya no se ve lo piadoso: Hollywood recibe religión) de Jeff Dawson, *The Dallas Morning News*, 11 de abril de 1998, 3C.

119. Nicole Gaouette, "Japan's Search for Spirituality (La Búsqueda del Japón de Espiritualidad)".

120. United Press Internationa. "Religious Service Attendane Dropping (Caída en la Asistencia a Servicios Religiosos)", 15 de enero de 2000.

121. *Herald Sun*, (Melbourne, Australia) "Old-Time Religion loses its appeal for Aussies (La Religión de Antaño pierde su atractivo para los australianos)", 19 de juno de 2000, 025.

122. Jullie Ray, "Worlds Apart: Religion in Canada, Britain, U.S. (Mundos Separados: Religión en Canadá, Gran Bretaña, Estados Unidos)" *The Gallup Poll Tuesday Briefing*, 12 de agosto de 2003.

123. Peter Ford, "Churches on wane in Europe (Iglesias en decadencia en Europa)". *The Christian Science Monitor*, 25 de octubre de 1999, 1.

124 1999 Estudio de Gallup que cita Josephine Mazzuca, "Worship Call: Do U.S., Canada and Britain Answer? (Llamado a la Adoración: ¿Contestan los Estados Unidos, Canadá y Gran Bretaña?) (15 de octubre de 2002), www.gallup.com.

125. Ford, "Churches on wane in Europe (Iglesias en decadencia en Europa)".

126. Phil Zuckerman, "Secularización: Europa, sí, Los Estados Unidos, no. ¿Por qué ha ocurrido la secularización en Europa Occidental, pero no en los Estdos Unidos? Un examen de las teorías e investigación". *The Skeptical Inquirer* 28 (1 de marzo de 2004): 49-52.

127. Peter Ford, "Churches on wane in Europe (Iglesias en decadencia en Europa)".

128. "Religious Service Attendance Dropping (Caída en la Asistencia a Servicios Religiosos)", United Press International, 15 de enero de 2000.

129. Philip Jenkins, "The changing face of Christianity: Faith's center of gravity is fhifting from the West tothe South and East (La cara cambiante del cristianismo: El centro de gravedad de la fe está cambiando del Occidente al Sur y al Este)", *The Dallas Morning News*, April 8, 2000, 1G.

130. Sinikka Kahl, "A Place to Feel at Home: Africa's Independent Churches (Un Lugar para Sentirse en Casa: Las Iglesias Independientes de África)", *The World & I* 10 (1°. de diciembre de 1995): 194.

131. Hank Hanegraaff, *Counterfeit Revival (Avivamiento Falso)* (Dallas: Word, 1997), 9-10.

132. "En Asia, están surgiendo nuevas sectas carismáticas escandalosas, que mezclan el budismo, el taoismo, el confucianismo y otras enseñanzas con el carismatismo occidental. El movimiento carismático, como un todo, no está en absoluto para defenderse ante tales influencias. Porque en el movimiento carismático, la unidad es un asunto de experiencia religiosa compartida, no de doctrina. Si la doctrina no importa, entonces ¿por qué no acoger a los budistas carismáticos? John MacArthur, "Does God Promise Health and Wealth (¿Promete Dios Salud y Riqueza?)" Parte II (Grace to You 1991), cinta # GC 90-64

CAPÍTULO 7
EL CUADRO GLOBAL

133. "Letters (Cartas)", Life, 1°. De febrero de 1999, 12.

134. Arthur W. Pink, *Gleanings in the Godhead (Deducciones de la Divinidad)* (Chicago: Moody Press, 1975), 28.

135. Ibid.

136. Andrew M. Greeley, *Confessions of a Parish Priest (Confesiones de Un Sacerdote de Parroquia)* (New York: Simon and Schuster, 1986), 435-36.

137. Michael Shevack y Jack Bemporad, *Stupid Ways, Smart Ways to Think About God (Maneras Tontas, Maneras Inteligentes de Pensar en Dios)* (Liguori, MO: Triuph Books, 1993), 53.

138. David Heller, *Taling to Your Child About God (Cómo Hablar con tu Niño*

Acerca de Dios) (New York: Bantam Books, 1988), 68.

139. David Heller, *Dear God: Children's Letters to God (Querido Dios: Cartas de los Niños para Dios)* (New York: Berkley Publishing Group), 24, pub. orig. (New York: Doubleday, 1987).

140. Richard Dawkins parafrasado por Paul Johnson, *The Quest for God (La Búsqueda de Dios)* (New York: Harper Perennial, 1996), 94: pub. orig. (Gran Bretaña: Weidenfeld & Nicholson, Orion House, 1996).

141. Ibid., 61.

142. Martha Fay, citada por Allison Adato y Miriam Bensimhon, "Features/Life Special: Kids Pictures to God (Artículos/Especial de Life: Fotos de los Niños para Dios)", *Life*, 1°. De marzo de 1998, 68.

143. Kasren Armstrong, *A History of God: The 4000-Year Quest of Judaism, Christianity and Islam (La Historia de Dios: La Búsqueda de 4000 años del judaísmo, cristianismo e islam)* (New York: Alfred A. Knopf, 1994), 356.

144. Encuesta de 2003 de Ipsos-Reid citada por Gabirelle Bauer, "God & Other Mysteries (Dios y Otros Misterios)", *Reader's Digest* (Canadá), noviembre de 2003, 50-59.

145. Adato y Miriam, "Kid's Pictures to God (Fotos de los Niños para Dios).

146. Shevack y Bemporad, *Stupid Ways, Smart Ways to Think About God (Maneras Tontas, Maneras Inteligentes de Pensar en Dios)*, 9.

147. Kersten, "More religious than ever? (¿Más religiosos que nunca?)

148. Paul Greenberg, "Diagnosis by the therapeutic society (Diagnóstico por la sociedad terapéutica)", *The Washington Times,* 31 de agosto de 1998, A15.

149. Douglas Todd escribe: "Ahora, en lo profundo de una guerra impulsada por la religión con los musulmanes en un lado y los cristianos y judíos del otro, algunas personas seculares dicen que es tiempo de ponerle los frenos a la religión, y quizás deshacerse de ella por completo". En Douglas Toddd, "Pon tu fe en la fe: Algunos culpan a la religión de muchos de los males del mundo, pero la ciencia verifica que la espiritualidad es buena para ti, más allá de lo que puede hacer por tu alma", *Vancouver Sun*, 10 de octubre de 1001, A15.

150. Gaouette, "Japan's Search for Spirituality (La Búsqueda del Japón de Espiritualidad)".

151. "Year of Spirituality 2003-2004 (Año de la Espiritualidad 2003-2004)".

152. Sohail Inayatullah citada por Larry Witham, "Major changes foreseen in religious expression: Space; The Spirit:

Space travel, technology may help to shape (Cambios importantes previstos en la expresión religiosa: Espacio; El Espíritu: Viaje espacial, la tecnología podría ayudar a moldear)", *The Washington Times*, 31 de diciembre de 1999, A1.

CAPÍTULO 8
LAS PISTAS DE SALOMÓN

1. Kathleen Norris, "Lessons from nextyear country (Lecciones del país del próximo año)", *U.S. News & World Report* 123 (15 de diciembre de 1997):70..